COMPRENDRE ET ÉVALUER LES ENTREPRISES DU NUMÉRIQUE

Groupe Eyrolles
61, bd Saint-Germain
75240 Paris Cedex 05
www.editions-eyrolles.com

ISBN : 978-2-212-56848-6

François Meunier

COMPRENDRE ET ÉVALUER LES ENTREPRISES DU NUMÉRIQUE

EYROLLES

Sommaire

Chapitre 3
L'évaluation des startups : la problématique des premiers tours

Chapitre 4
L'évaluation des entreprises du numérique à un stade plus avancé

CET OUVRAGE EST CO-PUBLIÉ PAR LE GROUPE EYROLLES ET L'INSTITUT MESSINE

À PROPOS DE L'INSTITUT MESSINE

Créé au cours de l'année 2014 avec le soutien de la Compagnie Nationale des Commissaires aux Comptes, l'Institut Messine est un think tank qui rassemble en son sein des représentants de la société civile et de la profession des commissaires aux comptes qui se sont donné pour mission de réfléchir aux grands enjeux économiques auxquels sont confrontés le pays et ses entreprises. Il ambitionne de formuler puis de soumettre au débat, sous la forme de Rapports, de Notes, de Recueils et d'Ouvrages, des idées et des solutions originales et concrètes susceptibles de nourrir la réflexion et l'action du décideur public.

Présidé par Michel Léger, l'Institut Messine est administré par un Comité Directeur réunissant des commissaires aux comptes et des personnalités du monde de l'entreprise : Philippe Audouin, Jean Bouquot (Président de la Compagnie Nationale des Commissaires aux Comptes), Dominique Carlac'h, Jean-Marc Espalioux, Denis Lesprit, Monique Millot-Pernin, Yves Nicolas, Pascale Parquet, Helman le Pas de Sécheval et Didier-Yves Racapé.

QUELQUES AUTRES PUBLICATIONS DE L'INSTITUT MESSINE

- *Fiscalité et politiques publiques : Peut-on vraiment orienter le comportement des entreprises par l'impôt ?* (mars 2015)
- *L'excès d'information financière nuit-il à l'information financière ?* (juin 2015)
- *Norme et Jugement sont-ils compatibles ?* (juillet 2015)
- *Taux d'intérêt négatifs – Douze regards* (janvier 2016)
- *Les chiffres dans le débat public : vérités et mensonges* (décembre 2016)

Pour plus d'informations
et pour télécharger les publications de l'Institut Messine :
www.institutmessine.fr

Avant-propos

Nous vivons une transformation profonde de la carte industrielle. Il se crée, estime-t-on, près de 10 000 startups numériques chaque année dans le monde, de l'ordre de 500 en France, et le rythme s'accélère. Certaines de ces entreprises ont pris une taille énorme : les cinq plus grandes entreprises au monde par la capitalisation boursière sont désormais, à juin 2017, des entreprises du numérique, les fameuses GAFA (acronyme pour Google-Apple-Facebook-Amazon) auxquelles il faut rajouter Microsoft, chacune d'entre elles dépassant les 400 Md$ de valeur boursière. Ce qui avait démarré à l'origine par des sites de vente sur Internet, transformant peu à peu la distribution de détail, se propage dorénavant, telles les répliques d'un tremblement de terre, dans tous les secteurs d'activité : industries de services, hôtellerie, transport, édition et presse ; et demain – c'est-à-dire aujourd'hui – la santé, l'éducation, l'agriculture… L'innovation, d'une force sans doute inconnue depuis les grandes révolutions industrielles du passé, est devenue un sujet d'importance sociale. Elle prend de court beaucoup d'entreprises bien installées qui craignent la « disruption », un mot devenu passe-partout, qui les pousse à mettre le numérique au centre de leur stratégie.

Cette « révolution digitale » réjouit pour ses innovations, pour les gains de productivité qu'elle permet, pour les autres manières de produire, de distribuer, de consommer…

L'embarras, c'est qu'elle apporte l'innovation mais nous rend, en même temps, moins capables de l'évaluer, de la mesurer, de lui donner un prix. Une fonction importante dans l'économie est déstabilisée, celle de l'évaluation. Quelle est la valeur d'une entreprise du numérique ? Quel est l'intérêt d'un projet d'investissement ? Faut-il acheter les actions de telle entreprise numérique entrant en Bourse avec un prix qui stupéfie ? Le numérique perturbe la boussole, la façon de mesurer. L'évaluateur serait-il en passe d'être lui aussi « disrupté » ?

Sa boîte à outils était à peu près adaptée à une économie stable et lisible. Ses trois outils principaux ont comme nom la méthode des comparables, la méthode des flux de trésorerie actualisés et la méthode de l'inventaire. Dans le premier cas, il s'agit de comparer l'entreprise à évaluer avec d'autres qui lui sont proches ; dans le deuxième, de faire la somme des revenus, ramenés en valeur présente, que l'entreprise va rapporter dans le futur ; et dans le troisième, de mesurer les actifs – physiques, financiers ou immatériels – qu'elle porte dans son bilan.

Mais que faire quand apparaît une entreprise radicalement novatrice, qui ne ressemble à aucune entreprise existante dont on connaîtrait la valeur ? Que faire dans le cas d'une entreprise qui ne porte aucun actif matériel dans son bilan, rien dont on puisse faire l'inventaire ? Que faire quand l'entreprise fait des pertes pendant une période très longue avant – éventuellement – d'être capable de montrer un profit ? Une loi importante de l'économie est celle des rendements décroissants qui progressivement abaisse les gains associés à un investissement nouveau. Mais bien souvent – c'est le cas des plateformes numériques –, on rencontre un « effet réseau » très puissant qui peut, les premiers temps, rendre explosives sa pénétration du marché, sa croissance et, parfois, sa rentabilité. Quels revenus lui prédire aujourd'hui ? Que faire, enfin, quand ce n'est pas tant l'innovation qui pilote la valeur de l'entreprise que la capacité de l'entreprise à la pousser sur le marché parce qu'elle a été capable de lever rapidement des fonds importants ? Il n'y aurait plus, contrairement à un des piliers de la théorie de l'évaluation, indépendance entre la valeur de l'entreprise et la façon dont elle est financée. Ce serait, au contraire, le financement qui déterminerait la valeur.

La révolution numérique entraîne incontestablement une perte de repères, qui touche tous les domaines. Ne voit-on pas le statisticien s'interroger sur la qualité de ses indices de prix, ceux qui permettent de mesurer l'inflation et la croissance du PIB, quand l'innovation change radicalement un nombre important de produits au sein de son indice ?

La conséquence, c'est une incertitude forte sur le futur, sur l'investissement, c'est une volatilité plus forte des valorisations, l'apparition de « bulles ».

Cet ouvrage est destiné à tous ceux que l'économie numérique intéresse et particulièrement à ceux qui suivent la vie des entreprises, leur stratégie et leur valorisation. Il cherche à leur venir en aide, et le fait de façon délibérément non technique. D'abord, en tentant de décrire ce en quoi consistent précisément la numérisation de l'économie et les défis qu'elle pose à l'évaluateur. C'est une étape importante pour comprendre d'où viennent les facteurs de création de valeur pour les entreprises du numérique – et aussi pour les entreprises traditionnelles qui cherchent à se numériser. Ensuite, en analysant les méthodes d'évaluation de ces entreprises aux deux grandes étapes de leur développement, quand elles ne sont que des startups, et quand elles sont devenues des entreprises viables, disposant d'une certaine dynamique de croissance.

La philosophie générale du livre est de montrer que les outils traditionnels restent sinon aisément applicables, du moins incontournables, sauf à projeter l'exercice d'évaluation dans un discours vide, même si on le remplit de chiffres. Il n'y a pas d'innovation majeure dans ce domaine. C'est, en revanche, le mode d'utilisation de ces méthodes qui change, ceci en chassant l'illusion que l'évaluation devrait donner un prix exact et précis de l'objet sous examen. Son rôle est et reste avant tout de cadrer le raisonnement et de poser les interrogations qui conviennent pour mener une négociation ou fixer une stratégie.

Cela s'applique pour l'évaluation de toute entreprise à la vérité, car il n'y a qu'une différence de degré, pas de nature, entre les entreprises traditionnelles et celles du numérique. Ces dernières présentent les cas extrêmes, poussés à la limite, de problématiques qu'on rencontre communément dans l'exercice d'évaluation, mais qui demeurent silencieuses dès lors que les chiffres apparaissent assurés, stables et observables sur beaucoup d'autres entreprises. L'évaluation reste toujours une discipline où jouent les jugements et les conventions, un instrument qui aide à révéler l'information, à trouver un accord entre un acheteur et un vendeur, entre un projet d'entreprise et les souhaits de l'investisseur qui est prêt à la financer, entre un directeur financier et un auditeur qui l'interpelle.

Introduction

Donner des yeux à la voiture

Il fallait combiner de vrais talents d'ingénieur, un bon sens des affaires et un environnement propice pour créer Mobileye, la société israélienne devenue en quelques années le leader mondial de l'analyse d'images pour la conduite automobile assistée. Amnon Shashua avait tout cela : des études faites tout jeune à l'université de Tel Aviv en reconnaissance optique des formes, un doctorat au Massachusetts Institute of Technology sur le même sujet, puis une charge d'enseignement et de recherche en intelligence artificielle à l'université hébraïque de Jérusalem[1]. Il avait trouvé le temps d'écrire plus d'une centaine d'articles scientifiques et avait fondé sa première société, CogniTens, en 1995 à l'âge de 35 ans, dans le domaine de la compression des images, une société revendue plus tard, en 2007, pour 20 M$, un montant moindre que ce qui y avait été investi. Mais Shashua, devenu

1. C'est au MIT qu'il avait commencé à penser à ce qui allait devenir le socle technologique de Mobileye. Il avait étonné son professeur en démontrant qu'on pouvait générer la photo d'un objet sous n'importe quel angle à partir de trois photos de ce même objet. L'idée avait été brevetée par lui et son professeur et vendue à un investisseur japonais qui pensait l'utiliser pour l'assistance à la conduite auto. *Cf.* le site du journal financier israélien *Globes* (*www.globes.online.com*).

professeur, continuait de travailler sur la reconnaissance numérique des formes sous l'égide de Yissum, une société détenue par l'université de Jérusalem, dont le but est de commercialiser les inventions faites par ses chercheurs et de leur fournir un débouché de travail. Quand il a fondé sa seconde société, Mobileye, en 1999, avec son partenaire Ziv Aviram, c'est tout naturellement vers Yissum qu'il s'est tourné pour lui acheter les brevets qui convenaient. Mobileye devenait capable de mettre très vite sur le marché une solution d'aide à la conduite automobile.

Une solution simple, d'ailleurs. Alors que Google ou Tesla se lançaient d'emblée sur la voie très complexe de la conduite totalement autonome, ce qui signifiait barder la voiture d'une multitude de capteurs optiques et de logiciels complexes, la solution de Mobileye consistait en une caméra unique, placée à l'arrière du rétroviseur (et donc en vision avant), plus un logiciel d'interprétation de données et une puce pour aider aux calculs. On ne visait pas la voiture autonome, mais plus modestement de remplacer le conducteur dans des tâches simples telles que la conduite dans un bouchon ou sur autoroute. Ce n'est qu'étape par étape, une fois les premiers succès engrangés, que Mobileye allait développer sa capacité de détection intelligente : les animaux, puis les piétons, puis les voitures, puis la capacité à rester dans sa file, etc. Les gros camions restaient un point de difficulté, pour preuve l'accident qui était advenu en 2015 sur une voiture testée par Tesla et équipée d'un capteur Mobileye. Mais ici, comme le montre l'histoire du transport aérien, chaque accident ne fait que réduire les chances de l'accident futur.

Dès 2005, Mobileye signait des accords avec General Motors, BMW et Volvo pour qu'ils embarquent sa solution en natif dans leurs voitures. Suite à d'autres accords, c'est aujourd'hui une quinzaine de millions de véhicules dont la conduite est assistée par des solutions Mobileye. Une étape suivante pour la société est de disposer d'une impeccable cartographie routière. D'où des cartes élaborées dans le cloud, en mode *« crowdsourcing »,* à l'aide des multiples capteurs que la société n'hésite plus à placer sur les voitures. Car c'est aussi la collecte de vastes ensembles de données correctement analysées qui permettra demain au conducteur d'aller tranquillement s'allonger sur le siège arrière.

Comment cette société a-t-elle été valorisée au cours de son histoire ? Au début, et comme toujours pour les startups, en étroite relation avec son financement. Les deux fondateurs, aidés d'un riche ami importateur automobile qui y croyait, disposaient déjà d'un peu d'argent de leurs précédents investissements et ont pu couvrir la période de mise au point. En mai 2006, les besoins de fonds s'accroissent, puisqu'on passe au développement industriel : 15 M$ levés auprès de trois investisseurs. Moins d'un an après, Goldman Sachs, qui avait repéré la société, y investit sur ses fonds propres un montant de 100 M$, pour une part au capital non rendue publique. En 2010, nouvelle levée de 37 M$. En 2013, ce sont 400 M$ qui sont levés auprès de cinq investisseurs, pour une participation de 27 % du capital, soit une valorisation de 1,5 Md$. La mise en bourse s'est faite en 2015, afin de lever 1 Md$ supplémentaire, soit une valeur de 5,3 Md$. Finalement, en 2017, la société Intel, toute vexée d'avoir raté la révolution des microprocesseurs pour mobiles, souhaitait sauter à temps sur celle de l'électronique automobile. Au terme d'une collaboration technique réussie avec Mobileye, elle propose aux fondateurs le rachat en cash pour une somme de 15,3 Md$. Intel suit ainsi Google ou Apple qui, forts du contrôle sur les données et les technologies numériques, rentrent en force dans l'habitacle automobile[1].

Ce que cherche à faire ce livre, c'est à montrer comment se passe le processus d'évaluation pour une telle société. « Évaluation » ou « valorisation », les deux mots devenant ici synonymes, tant l'apport

1. Au passage, les deux fondateurs (ainsi que l'importateur automobile qui en était partenaire depuis l'origine) ont vendu leurs parts, d'environ 7 % pour chacun. Si on ajoute les parts vendues précédemment et les stock-options, c'est environ 1,5 Md$ qu'ils reçoivent de leur société. Les fondateurs déclarent toutefois vouloir rester à la tête de son développement.

des fonds conditionne, aux premières étapes de la vie d'une société, le succès industriel et, bien sûr, réciproquement.

Car les défis sont grands. Le premier qu'on met en relief dans cet exemple est le très faible montant des actifs industriels qu'il est nécessaire d'accumuler dans le secteur high-tech ou numérique : la société a démarré avec quelques logiciels sophistiqués. Comparons-la aujourd'hui à Valeo, un équipementier automobile qui date de plus de 90 ans, qui a bâti des usines, a un personnel nombreux, qui est le premier en France dans le palmarès des brevets déposés. Les actifs corporels au bilan de Mobileye sont inférieurs à 20 M$ et ses actifs circulants à 120 M$. Les actifs de Valeo sont à près de 13 Md€, soit 125 fois plus. Pourtant, Mobileye et Valeo avaient à peu près la même valeur financière au temps de la courte histoire boursière de Mobileye au Nasdaq. Et avec un avantage désormais pour Mobileye, sur base de la présente offre de rachat. Y a-t-il moyen d'évaluer une société sans actifs ?

Une autre approche serait de voir ce que gagne la société et lui appliquer la proportion valeur d'entreprise sur profit observée pour des sociétés comparables. Mobileye a une marge – mot par lequel on désigne, pour la suite du livre, l'excédent brut d'exploitation ou EBITDA, selon l'acronyme anglais – de 125 M$ en 2016. Sur base d'une valeur d'entreprise d'un peu moins de 15 Md$, on peut dire de façon relâchée qu'il faut 120 ans de marge pour « acheter » l'entreprise[1]. C'est immensément plus que ce qui est observé pour la plupart des entreprises, où un multiple de 12X est déjà jugé copieux. Là encore, on aura du mal à caler la valeur de la société sur des sociétés comparables. En existe-t-il même ?

Exagère-t-on alors la valeur de Mobileye ? Ne s'agirait-il pas d'une « bulle », un phénomène qui peut advenir lorsqu'on ne sait pas rattacher la valeur à un ancrage solide ? Début 2017, l'engouement pour la

1. Soit un multiple valeur d'entreprise sur EBITDA 2006 de 120X, compte tenu de 400 M$ de cash au bilan.

voiture autonome est à un sommet dans la Silicon Valley, un lieu pourtant habitué à l'enthousiasme. GM a payé 1 Md$ pour l'acquisition de Cruise ; Uber, 680 M$ pour l'acquisition de Otto, dans les deux cas de simples startups. Et pourtant, si demain les solutions Mobileye sont destinées à équiper les centaines de millions de véhicules qui roulent tous les jours, où est la limite pour une telle société ? Comme le dit avec humour un vétéran de la voiture autonome chez Google, « sachant le potentiel de cette technologie, on la "sous-exagère" »[1].

« Filtrer » les photos pour les rendre jolies

Un événement clé est advenu dans la courte biographie de Kevin Systrom : le stage d'étude qu'il fit à Florence pour apprendre la photographie. Sa petite amie du moment était déçue de la médiocre qualité des photos qu'on pouvait alors s'échanger entre mobiles. Qu'à cela ne tienne, si on ne pouvait améliorer la caméra du mobile, on pouvait en revanche « déguiser » la photo, la passer par des filtres et la rendre ludique à défaut d'une bonne définition. Ce sont des filtres de ce genre qu'il mettait au point, lui qui était doué pour le codage. Il finit en 2006 ses études de gestion et d'ingénierie à Stanford, fit un passage de deux ans chez Google, puis dans une startup, mais gardant toujours en tête son idée de photos. Par chance, il a l'occasion d'esquisser son projet devant deux dirigeants de fonds de *venture capital* très réputés dans la Silicon Valley, Baseline Ventures et Andreessen Horowitz, qu'il a fortuitement croisés dans une soirée. Les deux fonds y croient et y mettent un tout petit ticket (à leur échelle !) de 500 000 $. C'est avec cette somme qu'il fonde, en 2010 et avec son associé Mike Krieger, Burbn, un premier site spécialisé dans l'échange de photos. Sous l'impulsion de Krieger qui le jugeait trop compliqué, il le refaçonne et abandonne le nom de Burbn. Instagram était né.

1. *« We're under-hyping it »*, *Financial Times* du 24 mai 2015.

Un mois après son lancement, Instagram comptait 1 million de visiteurs ; un an après, 10 millions. Les annonceurs pouvaient venir, intéressés par l'opportunité de toucher le jeune public qui s'emballait pour cette application très ludique.

En février 2011, Instagram levait des fonds, lors de ce qu'on appelle un *tour A,* pour un montant de 7 M$, qui donnait une valeur de 20 M$ à la société. Les nouveaux investisseurs recevaient en gros un tiers des parts de la société. Et le succès continuait. Dans la journée même où l'application a été disponible sur Android, ce sont 1 million de téléchargements qui ont été enregistrés.

Deux ans après, en avril 2012, les deux associés (Instagram n'avait alors que 13 salariés et quasiment pas de chiffre d'affaires) s'accordaient avec Facebook pour lui vendre la société, à un montant de 1,1 Md$, Kevin recevant 400 M$ pour sa participation.

Inutile de dire que le prix était jugé astronomique par tous, signe selon la presse de l'hubris naissante de Mark Zuckerberg, le patron de Facebook, enivré par la réussite spectaculaire de la toute récente mise en Bourse de sa société. On comparait ce prix aux 35 M$ que Yahoo! avait déboursés pour acquérir Flickr, une application très similaire. On félicitait Kevin, puisqu'au début du même mois d'avril 2012, la société avait fait une levée de fonds de 50 M$, dans ce qu'on appelle un *tour B,* qui ne valorisait la société qu'à 500 M$, excusez du peu.

Tout le monde avait quand même noté qu'une grosse partie de la transaction, soit 800 M$, allait être payée non pas en cash, mais en actions Facebook. Oui, disait-on aux actionnaires de Facebook, le prix d'achat était élevé, mais la monnaie de paiement peut-être plus encore. N'avait-on pas ici une variante du célèbre *swap* soviétique[1] ? La remarque valait ce qu'elle valait. Après tout, même si les actionnaires

1. Qui s'énonce comme suit : « Je te vends mon chien pour 10 M$? » dit l'un. « C'est une folie ! » dit l'autre. Pour ajouter : « Bon, OK ! Je l'achète avec mes deux chats. Ils valent 5 M$ chacun. »

de Facebook jugeaient que leurs actions étaient surévaluées, rien ne justifiait de les dépenser dans une acquisition elle-même surévaluée[1].

Quoi qu'il en soit, cinq mois plus tard, au moment de réaliser la transaction, l'action Facebook avait littéralement plongé. Le 1,1 Md$ initial ne valait plus que 750 M$.

Une valeur plus raisonnable, pourrait-on penser. Pas vraiment. En 2004, moins de deux ans après l'événement, la plateforme WhatsApp allait être rachetée par le même Facebook pour 22 Md$. En 2006, Microsoft rachetait LinkedIn pour 26 Md$ et Snap, qui détient le réseau social Snapchat et qu'on va analyser en détail dans la suite de ce livre, valait 31 Md$ au terme de sa première journée de Bourse en mars 2017. Nos deux associés avaient manqué une occasion : avec un peu de patience, c'est beaucoup plus cher qu'ils vendaient leur société[2].

La vérité, c'est qu'il était – et encore à présent – très difficile de donner une valeur à une entreprise comme Instagram. Il y a une spirale vertueuse qui peut s'enclencher, ce qu'on appelle un « effet réseau ». Plus elle s'implante auprès de son public, plus elle devient commode pour ceux qui l'utilisent. C'est ce qu'on a connu quand est apparu le téléphone. Être le seul à en disposer n'a pas vraiment d'intérêt. Toute la valeur vient de la multiplicité des contacts qu'elle permet. Un ingénieur et grand entrepreneur de la Silicon Valley, Robert Metcalfe – qui par son âge pourrait être grand-père de nos deux fondateurs – en avait fait une loi, la loi de Metcalfe. Cette loi, aussi robuste que la loi de Moore – autre loi éponyme venue du même endroit, portant

1. C'est double peine pour les actionnaires : baisse du cours quand le marché prend conscience de la surévaluation du titre de leur société ; baisse à nouveau quand il voit que l'acquisition a été surpayée, ce qui d'ailleurs déclenche souvent la prise de conscience initiale.
2. À titre de consolation, les actions Facebook reçues par eux en paiement et qu'ils ont eu la sagesse de conserver valent un montant de 3,2 Md$ à mars 2017. L'action de Facebook est passée, à cette date, à 139 $ et sa capitalisation totale à plus de 400 Md$.

sur la capacité des processeurs – dit ceci : la valeur d'un réseau croît non pas en fonction du nombre des personnes qui en font partie, mais en fonction du carré de ce nombre.

De plus, à la différence des compagnies de téléphone qui n'ont jamais vraiment su exploiter leur base de données clients[1], un réseau social est une plateforme commode pour d'autres types de prestations. Elle attire les annonceurs publicitaires et les différents prestataires, et en retour, les utilisateurs, dans une spirale vertueuse de rentabilité. Clients et fournisseurs deviennent des notions qui se mélangent.

Le défi pour l'évaluation est ici de mesurer le potentiel de développement, les sources de revenus possibles, les coûts d'investissement, surtout commerciaux, etc. Et de prendre sa respiration au moment d'énoncer le chiffre. Parce que l'effet réseau peut fort bien ne jamais arriver.

L'ÉVALUATEUR SUBIT LUI AUSSI LE CHOC DU NUMÉRIQUE

Les deux exemples précédents montrent certains des traits propres à l'économie du numérique. Ils ne sont nullement inédits dans l'histoire industrielle, on le verra par la suite, mais ils n'ont jamais été rencontrés à ce degré. La loi des rendements décroissants qui disparaît ; des rentabilités stupéfiantes associées à une absence d'actifs corporels, ou au contraire des pertes abyssales mais qui conduisent quand même à des

1. Il est vrai qu'il n'est pas commode d'insérer un message publicitaire dans un appel téléphonique. Trop intrusif. Cela rappelle l'histoire qu'on raconte sur le peintre Edgar Degas (1834-1917). Il avait été invité à déjeuner par un ami voulant l'impressionner du téléphone qu'il venait d'installer (une nouveauté dans Paris). Cet ami avait demandé à un proche de l'appeler pile au milieu du repas. L'appel arrive, l'ami se lève, décroche le combiné, parle et raccroche. Puis revient, tout fier, rejoindre Degas à table, scrutant les yeux de son ami. Degas lui aurait dit : « Comment ! On te sonne, et tu te précipites… ! ».

valorisations positives ; des coûts marginaux[1] proches de zéro donnant un fantastique effet de levier à la taille de l'entreprise ; des croissances météoriques, mais sans profitabilité. Ou encore, la longueur du parcours pendant lequel la société enregistre des pertes et où pourtant elle arrive à lever des fonds auprès d'investisseurs. Amazon n'a commencé à faire un profit qu'au début des années 2010, soit 14 ans après sa création, et sa profitabilité reste encore très faible.

Tout cela ne rend pas les choses faciles pour l'*évaluateur,* qui est, plus que le numérique, le personnage principal de ce livre. Pour le présenter, l'évaluateur est le professionnel qui s'occupe de donner un prix ou une valeur aux projets, aux actifs industriels et financiers, ainsi qu'aux entreprises. On le voit sous beaucoup de traits. Ceux de l'analyste financier, qui fait les recommandations boursières, de l'expert-comptable ou du commissaire aux comptes chargé de vérifier le bien-fondé de ce que les entreprises reconnaissent comme valeur pour leurs participations. Sous les traits du banquier qui doit peser un projet avant de le financer, ou du conseil financier qui aide l'entreprise dans un projet d'acquisition stratégique. Également chez toutes les personnes au sein des directions financières d'entreprise, celles qui font les comptes, le contrôle de gestion, le suivi de la stratégie et les choix de financement. Toutes se voient interpellées dans leur pratique d'évaluation. Les outils traditionnels de l'évaluation semblent muets, à la fois à cause des caractéristiques de ces entreprises, mais aussi pour des questions plus financières : comment caler la valeur d'une entreprise sur des entreprises comparables lorsque, précisément, l'activité est entièrement neuve ? Comment s'appuyer sur un historique d'exploitation alors que l'entreprise est toute récente ? Comment faire une projection de résultats quand l'univers des possibles est complètement ouvert ? Comment valoriser les seules actions quand l'entreprise est

1. On appelle « coût marginal » le coût de la dernière unité produite. Pour les entreprises du numérique, une fois la base logicielle installée, le coût du dernier utilisateur équipé peut fort bien être nul.

financée par une multitude de titres financiers, actions, dettes, options, tous assortis de droits différents ?

Le numérique ne remet pas en cause les méthodes d'évaluation d'un point de vue conceptuel. Il oblige simplement l'évaluateur à davantage s'interroger sur la viabilité du modèle économique, sur le champ concurrentiel, sur le mécanisme de formation des prix et des coûts, sur la relation entre l'entreprise et son personnel, sur l'environnement réglementaire, etc. Bref, sur sa stratégie. Car une erreur d'analyse peut affecter l'évaluation dans des proportions qu'on voit rarement pour une entreprise traditionnelle bien assise sur son marché : c'est la différence entre la croissance ou l'échec, entre une valeur égale à zéro ou une valeur très importante et croissante. Pour cela, ce livre consacre son chapitre 1 à l'analyse économique des entreprises numériques et son chapitre 2 aux risques qui se présentent au fil du développement de ces entreprises et vont peser sur leur valeur. Il y revient dans son chapitre 5 qui examine l'impact de ce bouleversement numérique sur le reste de l'économie, et donc sur la valeur des entreprises non numériques. Car, pour beaucoup de professionnels de l'évaluation et du chiffre, il n'y a guère d'échappatoire : devant l'ubiquité du choc numérique, les techniques et les appréciations propres à la valorisation du numérique ont un impact *en creux* sur l'ensemble des entreprises industrielles ou de services, soit qu'elles le subissent soit qu'elles savent en tirer parti. L'évaluateur qui se sentirait disrupté ne peut même plus se réfugier sur les secteurs d'activité traditionnels et bien bordés, pensant que rien ne change pour eux.

La plupart sinon tous les entrepreneurs qui créent leur entreprise dans le numérique sont à la recherche de financement. Et pour cela, ils s'adressent, en général, aux fonds d'investissement dits de capital-innovation ou *venture capital* (VC). Ces derniers les font bénéficier de leur expérience, en les aidant dans les premiers stades de construction de leur entreprise. Sauf peut-être sur un point que les entrepreneurs n'apprennent parfois qu'après coup ou trop tard, qui est comment négocier au mieux la valeur de leur projet ou startup[1]. C'est l'objet du chapitre 3. Il faut donc connaître comment raisonnent les fonds de VC. Aux stades ultérieurs de développement de l'entreprise, il y a déjà des VC au capital, de sorte que la dissymétrie de position se réduit, et les financiers déjà en place partagent le souhait des fondateurs d'une valorisation la plus haute possible. D'opposants dans une négociation, ils deviennent (partiellement) des alliés. Mais les questions de partage d'information restent les mêmes.

Le chapitre 3 traite donc de l'évaluation de l'entreprise aux premiers stades de son développement, en tant que startup. Ces premiers stades ne sont pas propres aux entreprises du numérique, mais à toute jeune entreprise à potentiel de croissance très fort et très incertain, sans capital matériel important, etc. Comme on le verra, les deux outils principaux sur lesquels s'appuie l'évaluation – la méthode des comparables et celle des revenus actualisés (dite DCF[2]) – doivent rester à l'arrière-plan, puisqu'on évolue ici dans le domaine de ce qu'on appellera la « convention », une approche qui reste dans le champ de l'évaluation, puisqu'il faut bien donner des valeurs.

Le chapitre 4 porte sur les entreprises ayant déjà un premier parcours et des premiers résultats. On prendra un cas réel qui reste dans le même secteur qu'Instagram, à savoir son concurrent farouche Snap, qui détient le réseau social Snapchat. Une entreprise déjà grosse – malgré sa toute jeunesse – puisqu'elle est rentrée en Bourse début mars 2017 sur une valeur de l'ordre de 31 Md$ au terme d'un mois de cotation. L'avantage à la retenir est qu'elle est désormais cotée, de sorte qu'on en connaît les chiffres détaillés et qu'il y a déjà à

1. Le VC possède à la fois l'expérience et l'argent. Cela fait mentir Warren Buffett qui disait : « Quand quelqu'un d'expérience propose un deal à quelqu'un avec de l'argent, trop souvent la personne avec l'argent finit avec l'expérience, et la personne avec l'expérience finit avec l'argent. »
2. À partir de l'anglais *discounted cash flow,* la valeur de l'entreprise étant précisément la somme actualisée des flux de trésorerie d'exploitation et d'investissement.

son sujet un bon nombre d'évaluations rendues publiques et faites par des professionnels reconnus. Ce sera l'occasion de voir comment méthode des comparables et DCF sont utilisées dans ces exercices. L'auteur aurait préféré analyser en détail l'évaluation d'une entreprise française ou, à défaut, européenne, mais il n'en a pas trouvé de suffisamment saillante et permettant une confrontation entre de multiples évaluateurs[1].

Comme déjà indiqué, le chapitre 5 s'occupe de l'évaluation des entreprises non numériques, ou plus exactement des impacts de la révolution numérique sur ces entreprises, et donc sur leurs performances opérationnelles et financières et, par voie de conséquence, sur leur valeur. Les plus grandes d'entre elles s'inquiètent et mettent désormais le numérique au centre de leur stratégie, soit par un programme d'acquisition, soit par le développement d'initiatives en interne. Walmart, qui était le premier grand distributeur au monde en termes de ventes avant qu'Amazon ne lui rafle la première place, a fait venir Kevin Systrom à son conseil d'administration, espérant sans doute quelques conseils de sa part. Son site de vente par internet est devenu le second le plus fréquenté des États-Unis. Même quand elles n'ont pas de stratégie numérique, les grandes entreprises traditionnelles n'en sont pas moins devenues, ne serait-ce que pour leurs campagnes publicitaires, les principaux clients des entreprises du numérique, bien devant les particuliers. Un premier réflexe serait, par souci de symétrie, d'imputer en perte de valeur pour ces dernières le gain de valeur des entreprises numériques qui tentent de les supplanter. Le jeu est plus complexe qui n'y paraît, à la fois parce que les entreprises non numériques ne restent pas immobiles et parce qu'elles bénéficient en profondeur, dans leur *process* de production et de vente, des apports de l'innovation numérique.

1. Spotify, entreprise suédoise, aurait pu faire l'affaire. Mais elle est cotée à New York et financée, pour l'essentiel, par des capitaux américains.

Par analogie avec l'entreprise non numérique qui bénéficie ou subit la numérisation, un des enseignements du livre, faisant l'objet d'un exposé concret lors de l'examen de l'évaluation d'Uber à la fin du chapitre 4, est que le métier d'évaluateur va à son tour considérablement profiter de l'apport des techniques numériques. On pense ici à l'afflux considérable de données qu'il peut avoir à sa disposition et qui pourrait requérir des traitements statistiques de masse, à la *big data*. Les tests d'hypothèse, la construction de scénarios, l'étude de la sensibilité aux prix de production ou aux coûts peuvent reposer, pour l'évaluateur *insider,* travaillant au sein de l'entreprise ou pour son compte, sur des volumes d'information inaccessibles auparavant. En cela, ce sont les directions commerciales et marketing des entreprises plus que les directions financières qui sont aujourd'hui à la pointe de la technique et de l'innovation numérique.

Enfin, la conclusion ne cherchera pas à conclure, comme toute bonne conclusion, particulièrement pour un sujet aussi ouvert que celui-ci. On fera simplement la liste des enseignements et recommandations les plus importantes que le livre a pu couvrir sur le sujet de l'évaluation dans le monde numérique.

Un mot sur le vocabulaire. Digitalisation ou numérisation ? Le chapitre 1 tente de définir ce qu'est le numérique. Mais faut-il retenir le terme anglais de *digital* qu'on entend de plus en plus dans la langue française ? L'un est simplement la traduction de l'autre, de sorte qu'on gardera le vocable français. On entend aussi, dans une langue assez pesante, les termes de *plateformisation* ou d'*ubérisation,* le premier en référence au fait que le gros du secteur numérique fonctionne comme ce qu'on définira au chapitre 1 des *plateformes* ; le second d'après le nom d'une des entreprises iconiques du domaine. On voit abonder d'autres dénominations dans le foisonnement actuel du secteur. Ainsi, *économie du partage,* venant de la *sharing economy* d'outre-Atlantique, ce qui colore la belle notion de partage d'un sens bien pécuniaire sachant les gros chiffres qu'il permet de mettre en poche. À tout prendre, il conviendrait mieux de parler de *matching economy,* d'économie de l'*appariement,* de la mise en contact, tant cette adéquation plus rapide et moins coûteuse entre l'offre et la demande caractérise bien l'économie numérique. On dit aussi *économie collaborative,* parfaitement acceptable, ou *économie circulaire,* une notion quelque peu différente, on verra pourquoi. Bref, on se cherche encore sur le nom, signe d'une activité toute nouvelle, encore mouvante et dont on ne perçoit encore bien ni les contours ni l'enjeu sur l'économie globale. Le mot de numérique nous suffira ici.

★★★

Le document a été finalisé en juin 2017 et le moment n'est pas sans importance : les marchés boursiers sont à des niveaux hauts et les dernières valeurs d'entrée en Bourse ont été, si on prend l'exemple de Snap, très élevées. D'où peut-être une tonalité que certains jugeront optimiste sur les valeurs des entreprises du numérique. Si la rédaction avait été faite une année avant, en mai 2016, le ton aurait peut-être été différent. L'environnement boursier était tout autre tandis que le gros de la presse spécialisée et les marchés financiers s'interrogeaient sur une possible bulle en train de menacer l'économie numérique, un jugement conforté par quelques échecs retentissants en matière d'entrées en Bourse. Haut ou bas, cette variabilité ne fait qu'illustrer l'incertain qui entoure l'évaluation des entreprises du numérique. Ceci doit inviter le lecteur à la prudence – et à l'indulgence pour l'auteur – quand il tourne les pages du livre, à la fois pour le cas où le marché chuterait et, plus encore, s'il devait continuer à monter.

Pour la commodité de lecture, certains apartés ou développements plus techniques sont isolés au fil du livre dans des encadrés ou des notes de bas de page, le texte devant conserver son caractère général.

Chapitre 1

L'économie numérique, l'enjeu économique

L'ÉCONOMIE NUMÉRIQUE, DE QUOI PARLE-T-ON ?

Tracer la délimitation entre le numérique et l'économie traditionnelle ou « non numérique » est tâche impossible, et c'est heureux, signe que le champ est encore très évolutif. On fera, pour s'y essayer, le constat de l'irruption, depuis une quinzaine d'années, de trois ingrédients techniques radicalement nouveaux : des bases de données immensément plus riches, des moteurs de recherche capables d'y plonger efficacement et une connectivité beaucoup plus forte et moins coûteuse. Pour résumer : base de données, Internet et mobile. Il devient dès lors possible, à une échelle inédite auparavant, d'opérer des échanges et des transactions sans contact physique entre les gens, par simple circulation de données numériques. Ce sera donc une première définition, très large, de l'économie numérique : toute l'activité émergente, par entreprises nouvelles ou au sein d'entreprises existantes, que cette faculté nouvelle ouvre.

Cette définition est plus restrictive qu'on peut le croire : elle permet, pour l'objectif suivi par ce livre, d'écarter du champ numérique les projets ou entreprises qui, certes, appartiennent au monde des startups et de l'innovation, mais sans répondre à cette caractéristique d'interface démultipliée entre les personnes ou les entreprises. Par exemple, les entreprises de la biogénétique, des imprimantes 3D, des supraconducteurs, etc., ne sont pas numériques, même si elles ne se privent pas d'utiliser les dernières technologies numériques, même si elles sont souvent elles aussi des startups avec les mêmes préoccupations de levées de fonds, de forte croissance, de forts risques, etc. Ces entreprises répondent à certaines des problématiques d'évaluation qu'on examine ici, mais sans être, à proprement parler, « numériques ». Mobileye est, à ce titre, un équipementier auto high-tech, mais ne commence vraiment à être une entreprise numérique qu'avec son activité naissante de cartographie sourcée par les véhicules qui circulent.

De même, la définition permet de distinguer des entreprises agissant dans le secteur de la numérisation avec une solution numérique dans leur offre, du reste des entreprises de l'économie qui sont et seront de plus en plus utilisatrices de services numériques – et donc clientes des premières –, ou bien qui opèrent en interne leur nécessaire numérisation. Ce document s'intéresse principalement aux premières de ces entreprises, celles qu'il s'agit d'évaluer, sachant qu'on évoque dans le chapitre 5 l'impact de cette révolution numérique sur les entreprises traditionnelles.

Le numérique évoqué ici s'assimile largement aux « plateformes ». En effet, traitant du nouveau mode de connexions et de transactions entre agents de l'économie, l'entreprise numérique ne fait pas que proposer un logiciel : elle est opératrice dans la mise en contact ou la transaction. Il est commun de faire une première distinction parmi les plateformes (*cf.* Gawer, 2016) : celles qui sont *transactionnelles*, dans lesquelles plusieurs parties se livrent à des transactions (typiquement Amazon ou Alibaba, où des vendeurs et des acheteurs externes sont en interface, profitant des commodités offertes par la plateforme) ; celles qui sont *informationnelles* dans le cas particulier où un acteur en position de producteur ou distributeur offre des contenus à des clients (Google Search, journaux numériques, Netflix...) avec des modèles hybrides, tels YouTube ou Facebook, où l'utilisateur peut être lui aussi producteur et présenter ses propres contenus ; enfin, des plateformes d'*innovation*, du type iPhone, Android ou Nintendo, qui permettent le partage d'applications et de kits de développement pour les programmateurs.

Il faut prendre la mesure de ce qu'implique ce saut technique : une réduction spectaculaire du coût de la mise en relation, de l'appariement ou *matching,* entre l'offre et la demande. L'information est davantage partagée et présente un coût infiniment moindre. C'est la clé pour que puissent naître des espaces d'échange autrefois impossibles et donc des marchés nouveaux ou plus efficaces, avec une sécurité renforcée sur la nature et la qualité des produits, ainsi que sur celle des participants à l'échange.

La distribution de détail a été l'une des premières touchées par le numérique, avec l'e-commerce. Le numérique s'est développé très vite aussi sur les marchés de l'information et des médias, les plus faciles à numériser : la musique (Spotify, Deezer) la presse, et les livres trouvent ainsi un nouveau relais sur des formats numériques. Le logement et l'hôtellerie (Airbnb, Booking.com) ont suivi de façon significative, puisqu'il s'agit de marchés où les coûts d'information et de mise en contact entre l'offre et la demande, *via* agences immobilières, annonces classées ou centrales de réservation, étaient les plus élevés. Puis est venu le tour du marché du transport et du covoiturage avec Uber ou BlaBlaCar, en même temps que celui des marchés d'occasion ou de pair à pair (Leboncoin, eBay), de la rencontre privative (Meetic), de l'emploi (Monster, LinkedIn, Leboncoin…), de la restauration (LaFourchette, racheté par TripAdvisor, ou Deliveroo pour la livraison à domicile). Par effet de cascade et sur le constat des premiers succès, d'autres secteurs sont touchés : les services domestiques, la distribution, la santé, l'éducation, sans oublier à présent les métiers financiers, crédit, système de paiement ou assurance. Des agrégateurs puissants apparaissent, dont Facebook et la palette de réseaux sociaux qu'il offre, ou Amazon, qui à partir d'une activité de distributeur et logisticien, pourrait s'en approcher.

Le succès phénoménal d'un Booking.com, d'un Uber ou d'un Didi (qui est la réplique de ce dernier en Chine) tient à la réponse efficace apportée à la question de l'appariement : des hôtels qui ont des chambres libres quand des gens cherchent à se loger inopinément ; des taxis sans client qui attendent à la borne d'arrêt alors qu'on cherche à se déplacer… La centrale de réservation pour les taxis et les hôtels avait déjà été un progrès important, mais l'outil internet en démultiplie l'efficacité. Dans les deux cas, le marché se trouve considérablement élargi tant du côté de la demande, mieux satisfaite, que de l'offre qui fonctionne à coût moindre. Airbnb, c'est par exemple 3 millions de logements sur 200 pays, indique leur site. Le groupe Accor, premier opérateur hôtelier mondial en nombre de lits, c'est

570 000 chambres, c'est-à-dire cinq fois moins ! Il n'y a là rien de nouveau, la mise en liaison des gens ayant toujours appelé des solutions techniques nouvelles et créé de multiples emplois, mais on ne peut s'empêcher d'être fascinés par le saut d'échelle provoqué par la numérisation, aux conséquences économiques et sociétales encore inexplorées.

S'il y a extension forte du domaine des marchés, Internet ouvre aussi de nouvelles potentialités dans les échanges de biens ou de services entre particuliers. Dans un rapport pour la Commission européenne, PwC (2016) estime à 3,6 Md€ le chiffre d'affaires desdites « plateformes collaboratives » pour la seule Europe, et à 28 Md€ les transactions qui s'opèrent par leur intermédiaire. Mais également pour la collaboration et les échanges non marchands (le phénomène Wikipédia, qui se décline dans de multiples domaines) ; ou encore là où l'appariement par un marché rencontre des barrières morales. Ainsi, Alvin Roth (2008, et 2015 pour une référence grand public), prix Nobel d'économie pour ses travaux très novateurs sur le fonctionnement des marchés, a travaillé sur une organisation éthique de l'échange d'organes ou sur l'affectation des étudiants dans les universités, qu'on ne peut résoudre par l'organisation d'enchères pécuniaires ou par de simples files d'attente. C'est Internet, sous la forme de plateformes ouvertes, qui donne des prémices de solution.

Une information plus riche

L'information échangée s'accroît en quantité, mais également en profondeur sinon en qualité. Les producteurs ont désormais davantage de moyens de connaître leurs clients, un problème récurrent sur les marchés de consommation auquel la publicité classique ou les enquêtes de consommation répondent mal. L'activité de banque commerciale faisait partie des quelques exceptions, précisément parce qu'elle avait les moyens de suivre la dynamique d'un compte bancaire et, par cet intermédiaire, du client. Mais ce n'était pas le cas de la grande distribution qui ignorait complètement qui poussait la porte du magasin. Désormais, un e-commerce suit l'historique des transactions et dispose, dans certains cas, des moyens de connaître le profil de ses clients (il bâtit même des scores de risque à partir de cette expérience). Ce qui existait sous forme embryonnaire, par enquêtes physiques auprès des clients, se systématise à très bas coût.

Parfois, ce sont les clients eux-mêmes qui enrichissent l'information du prestataire, directement par retour d'expérience et par mécanisme de notation (encadré 7), ou indirectement par croisement de données transversales massives *(big data)*. Retracer les échanges et transactions, croiser les informations, cela peut être, à la Janus, une intrusion plus grande dans le domaine privé, mais aussi une condition de la confiance et de la réputation par renfort de la sécurité. L'innovation sociétale est majeure : vous notez votre hôte Airbnb, BlaBlaCar ou Drivy. Lui-même vous note en tant qu'usager ou consommateur. Le facteur confiance est mis en jeu. On substitue potentiellement à une surveillance centralisée une surveillance décentralisée par le « contrôle croisé ». La technologie du *blockchain* (encadré 1) indique une voie prometteuse pour résoudre de façon décentralisée des problèmes de certification et de registre de confiance, qui font partie des fonctions qu'on assigne traditionnellement à l'État (gestion de la monnaie, cadastres, traçabilité alimentaire, etc.).

Encadré 1 : Le *blockchain*, un exemple de numérisation aux conséquences très profondes

En essence, le *blockchain*, ou chaîne de blocs, permet de remplacer un contrôle central par des vérifications délocalisées. La monnaie est un bon exemple. Il s'agit d'un privilège souverain, l'État étant le mieux placé à ce jour pour faire en sorte que le papier-monnaie qu'on reçoit ait bien la valeur nominale affichée, ou encore que les chèques en circulation soient bien payés, par compensation sous l'égide de la Banque centrale. C'est la base de la confiance dans la monnaie. Mais *quid* si jamais l'on disposait de bases de données capables de retracer l'ensemble des transactions que tel billet de banque a permis dans le passé, assurant ainsi une traçabilité complète des transactions[1] ? La numérisation le permet, même si c'est aujourd'hui à un coût informatique lourd [2] et sans encore une sécurité juridique parfaite. Et *quid* si, de plus, des dizaines de telles bases de données existaient, armées d'algorithmes assurant qu'elles recèlent la même information, de sorte qu'il soit pratiquement impossible de perdre la connaissance des transactions et très difficile de les frauder ou de faire de la fausse monnaie ? C'est l'idéal de l'appariement, la monnaie n'étant rien d'autre qu'un vaste réseau social.

Mais ici, ce sont des acteurs privés qui se saisiraient de ce privilège de battre monnaie.

Des premières tentatives existent pour les moyens de paiement, la plus connue étant le bitcoin. Les banques centrales prennent la chose au sérieux, de façon de plus en plus positive. *Cf.* Bank of England (2014) ou, pour une explication simple et lumineuse de la dimension technique du sujet, *cf.* Lebidois (2017).

Et on met désormais le pied dans d'autres domaines : cadastre, contrats, gestion d'actifs, agroalimentaire pour la traçabilité des produits, mais aussi gestion d'une clientèle bancaire... C'est un des facteurs parmi beaucoup qui expliquent l'intérêt très grand qu'inspirent aujourd'hui les fintech auprès des investisseurs.

Le retour du consommateur vers le producteur a un effet important sur la fixation même du prix d'équilibre sur le marché. Par exemple, le professeur noté « cinq étoiles » par son élève sur un site de MOOC ou d'enseignement à distance pourra demander un prix plus élevé pour ses cours ; pareil pour le loueur sur Airbnb. Mais aussi, le producteur, connaissant mieux ses clients, pourra jouer de la structure de ses prix, pour extraire de sa clientèle le maximum de chiffre d'affaires. C'est

1. Des transactions, mais pas de celui qui fait la transaction, ce qui est toute la problématique de sécurité associée à cette technique.
2. Le coût informatique, en espace de serveur et de bande passante, est pour certains le véritable obstacle, notamment écologique, à cette approche décentralisée de la vérification. Mais ne préjugeons pas des progrès qui seront faits dans ce domaine, y compris d'un point de vue organisationnel, par exemple par le maintien d'un organisme de tutelle figeant, une fois pour toutes, une fraction du fichier certifié.

tout le domaine du marketing en entreprise qui est révolutionné et remis de plus en plus entre les mains des statisticiens (encadré 2).

Encadré 2 : Le marketing, le *big data* et la réduction du « surplus du consommateur »

Bien connaître sa clientèle est le souhait de tout commerçant. L'information dont il rêve, la plus difficile à obtenir, est de savoir comment ses clients vont réagir s'il augmente ou baisse ses prix. Si par exemple il monte son prix de 10 % mais que la demande ne baisse que de 7 %, il accroît ses ventes de 3 %. Dit autrement, quelle est la sensibilité de la demande aux prix, ce qu'on appelle l'élasticité-prix ? Plus encore, quelle est l'élasticité-prix client par client ? Quel est celui qui quittera le magasin devant la hausse de prix ? quel est celui qui restera, et qui tolérera même une hausse de prix plus forte ?

Dans le monde numérique, il est bien moins coûteux – avec les traitements statistiques appropriés – de mesurer une telle élasticité. Et il devient tentant, par différents moyens, de différencier plus ou moins artificiellement la présentation du produit pour facturer plus cher celui qui a la sensibilité moindre à ce prix, moins cher dans le cas inverse. Adieu le prix unique et immédiatement lisible !

On appelle « surplus du consommateur » le montant monétaire que le client aurait été disposé à payer en sus de son prix d'achat. Ce package d'offre téléphonique que j'achète 30 €, j'étais en fait prêt à le payer 35 €. Je « gagne » donc 5 €, qui est mon surplus en tant que consommateur, un surplus qui sera peut-être de 2 € ou de 0 € pour un autre consommateur (le surplus ne peut être négatif). On parle aussi de gain d'opportunité. L'idéal pour un responsable marketing aurait été de me faire payer 35 € au lieu de 30 €, s'il avait eu l'information et, bien sûr, le moyen de rendre étanche la transaction pour m'empêcher de voir que d'autres bénéficient du prix de 30 €. Il aurait fait payer 32 € ou 30 € pour un autre client, moins désireux de disposer du produit ou moins argenté. Ainsi, il optimise à la fois la quantité vendue et le prix de vente moyen, allégeant ainsi la contrainte qui veut que vendre plus oblige à un prix moindre (la courbe de demande est habituellement décroissante).

On verra au chapitre 4 que de telles techniques sont potentiellement à la disposition des financiers quand il s'agit d'évaluer une affaire.

Évidemment, le consommateur n'est pas en reste et cherche lui aussi à capter le « surplus du producteur » : il utilise des moteurs de recherche sur les prix les plus bas, ce à quoi répondent, bien sûr, les producteurs par quantité d'astuces que leur glissent leurs responsables marketing : annoncer un tarif bas pour un service, mais malheureusement indisponible quand on veut conclure l'achat ; ou, comme le font les sites d'achat de billets d'avion, repérer votre venue répétée sur le site, signe que vous n'avez pas trouvé moins cher ailleurs, ce qui autorise une hausse inopinée du prix.

Le *big data* est un enfant du numérique. Il est en passe de modifier radicalement certaines industries, à l'abri jusqu'ici de la numérisation. Il faut suivre désormais l'industrie de l'assurance, dont les techniques d'investigation du risque spécifique de ses clients vont fortement se développer, permettant un *pricing* plus ajusté, au risque de remettre en cause une certaine notion de mutualisation et de solidarité. Des assurtechs apparaissent sur ces créneaux. Il ne suffit pas, bien sûr, de collecter des données. Sous le terme de *« big data »*, on fait référence aussi à la capacité technique, juridique, organisationnelle de savoir ou de pouvoir les utiliser. Comme on l'a dit, les opérateurs téléphoniques et fournisseurs d'accès internet ont de vastes quantités de données qu'ils n'ont pas su, à ce jour, « monétiser », ce qui, on le verra, est peut-être en train de changer.

Tout cela remet en cause la conception qu'on avait de ce qu'est le fonctionnement d'un marché. Le marché vit d'information et son mérite est d'être particulièrement parcimonieux dans son mode de transmission de l'information, puisque tout ou presque est résumé par l'indicateur de prix. C'est ce qui rend viable le fonctionnement décentralisé d'une économie, sans qu'elle sombre dans le chaos. Le marché a de tout temps été, comme la monnaie, une « plateforme », un réseau. Friedrich Hayek [1945] a été l'économiste qui a le plus étudié ces processus de collecte dynamique d'informations. On aimerait connaître son opinion devant Internet qui représente un mode historiquement nouveau de collecte décentralisée d'informations, souvent même sans intermédiation pécuniaire.

Quelles conséquences pour l'évaluation ?

En réduisant les coûts d'appariement, les plateformes augmentent les dimensions du marché, améliorent la qualité de l'information partagée et donnent, à grande échelle, les moyens d'échanges bilatéraux entre consommateur et producteur, avant et après l'achat. Tout ceci a des conséquences sur la nature des entreprises du numérique, sur le fonctionnement des marchés et ainsi sur l'approche qu'en aura l'évaluateur. On mettra en avant six traits spécifiques à cette nouvelle économie.

1- Des effets d'échelle ou de rendements croissants, notamment par ce qu'on appelle les effets de réseau. Plus le réseau est grand, meilleur est le service qu'il rend, plus il attire les utilisateurs. Ces rendements croissants sont un défi pour l'évaluateur et pour la théorie économique, parce que le projet peut croître en quelque sorte « jusqu'à l'infini » et donc avoir une valeur… infinie (encadré 3).

Ces effets d'échelle sont de deux ordres. Directs d'abord, comme dans le cas de Facebook ou, autrefois, des opérateurs téléphoniques : davantage d'usagers incitent d'autres usagers à venir. L'offreur sur la plateforme est souvent, dans ce cas, unique, comme l'est la compagnie de téléphone. Mais des effets indirects aussi, comme pour Uber, où davantage de clients incitent davantage de taxis à venir, ce qui accroît l'offre en retour, la plateforme devenant alors *biface* ou même *multiface,* une pluralité d'offreurs rencontrant une multiplicité de demandeurs. Une plateforme a souvent intérêt à suivre ce modèle ; par exemple, Facebook, qui met désormais en contact, un peu à l'égal d'un Leboncoin, des acheteurs et des vendeurs, même si la transaction ne se réalise pas directement sur le site. Le fantastique succès d'Amazon est dû à cela : la plateforme avait, au début, une caractéristique de commerçant classique, si l'on peut dire, la vente de livres aux particuliers à partir d'un stock de livres achetés. Elle a vite élargi sa palette de produits vendus, pour copier ce que fait « en physique » un hypermarché. Mais surtout, elle a permis que des producteurs ou des distributeurs tiers interviennent directement sur la plateforme pour offrir leurs propres produits, neufs ou d'occasion, généralisant le principe des stands ou des corners abrités par un grand magasin. L'e-commerce devient place de marché, ce qui permettrait de s'exonérer des coûts logistiques et de stockage si Amazon, là encore, ne s'était pas lancé dans le métier de logisticien à destination des distributeurs tiers. Du coup, sous l'égide d'Amazon ou d'Alibaba (l'Amazon chinois, avec un point de départ différent), les barrières à l'entrée pour être distributeur s'effondrent : point besoin de local, point besoin de gérer les stocks, Amazon fournira même, copiant en cela Google Search, les moyens de la promotion commerciale. C'est ce que Jeff Bezos, le patron d'Amazon, appelle le *flywheel* Amazon, mot anglais pour « *volant* », désormais passe-partout dans la Silicon Valley et qu'on peut traduire par « effet de spirale », ou « cercle vertueux » (Stone, 2013). Ainsi, pour son pôle logistique, Amazon construira des entrepôts toujours plus coûteux, parce que toujours plus près des villes, le gain de temps dans la livraison au client effaçant le coût accru du foncier.

Chaque plateforme travaille à trouver ou à peaufiner des effets de levier similaires. Par exemple, Yelp ou Alibaba à ses débuts. L'activité de « pages jaunes », dont Pages Jaunes en France, rebaptisé Solocal, donnait de longue date l'information marketing sur les adresses de magasins et sur les produits qu'ils offrent. C'était autrefois un service assuré à coût réduit par les opérateurs publics de téléphone, où n'étaient facturées que les entreprises qui voulaient un référencement spécial. Le client consommateur en bénéficie gratuitement, le client annonceur doit payer une commission publicitaire. On voit que Google n'invente rien en la matière. Mais passé sur le web, le métier prend une tout autre dimension : déjà une information plus complète et une promotion dynamique, comme le fait Yelp mais pas encore Solocal ; mais aussi la brique de la mise en contact direct, celle qui permet d'opérer la transaction, comme le font Alibaba ou Amazon, et d'y associer des services annexes, comme le crédit, l'assurance et la notation. Toujours le *flywheel*.

À nouveau, rien de nouveau ! Ces effets réseau ont existé de tout temps. *Le Figaro* avait autrefois les meilleures annonces d'emploi de la place, ce qui attirait les deux côtés du marché, un bel exemple de plateforme biface. D'où vient le succès ? Alvin Roth (2008) le fait reposer sur la notion de liquidité ou d'épaisseur du marché. Une plateforme aura du succès, dit-il, si elle met trois choses à disposition : attirer le plus de participants possible, pour que les transactions se dénouent simplement et sans attente ; éviter la congestion qu'une telle épaisseur implique, ce qui oblige à des investissements techniques pour que la transaction procède au plus vite, la taille accroissant la complexité de l'ensemble ; enfin, fournir une sécurité et une qualité de service à la transaction, notamment pour éviter que la transaction ne se fasse *in fine* en dehors de la plateforme.

À ce jour, la beauté du numérique, c'est que l'effet de taille et de réseau semble l'emporter, pour un temps assez long, sur l'effet complexité.

Encadré 3 : Les rendements croissants et l'évaluation

Que se passe-t-il quand une affaire arrive à se libérer de la sinistre loi des rendements décroissants ? Ici, plus on investit, plus on croît, et plus la rentabilité est forte. Si le coût du capital est, disons, de 7 % et que la rentabilité est de façon continue supérieure à 10 % voire plus, la croissance ne fait qu'enrichir l'entreprise. Il lui suffit de dupliquer l'investissement précédent, auprès de nouveaux clients, de nouveaux pays, etc., et d'ajouter encore une valeur d'au moins 3 % = 10 % - 7 % sur les nouveaux investissements. La valeur de l'entreprise devient infinie.

Ceci a une fin, l'arbre finissant toujours par cogner le ciel. La concurrence peut venir et rendre le même service à coût moindre - ce qui ramène la rentabilité à 7 % - ou bien supplanter l'entreprise d'un point de vue technologique, ce qui la ramène à zéro, comme l'a vérifié Nokia qui a valu un moment, avant sa chute sous les coups du smartphone, près de 18 % du PIB de la Finlande.

Ce peut être aussi parce que les rendements redeviennent gentiment décroissants. C'est le cas pour les entreprises qui vivent d'un renouvellement continuel de produits, le jour où le « pipe » est moins rempli (Apple ?) ; ou pour les entreprises que la taille rend ingérables, sauf au prix d'une gouvernance lourde et coûteuse.

Dans le cas du numérique, les actifs physiques de l'entreprise sont faibles, de sorte que les coûts administratifs de gestion du parc physique et du personnel progressent à un rythme moindre que dans d'autres secteurs. Le point de retournement y est plus éloigné. Mais Uber a le défi de son « personnel » de chauffeurs ; Amazon de son personnel peu qualifié dans la logistique. Ils pourraient chercher à les repousser par une mécanisation accrue des entrepôts, par la voiture autonome, etc., ce qui alourdira alors le capital physique. Ou par une filialisation, mais ce qui entraîne des coûts d'agence pour surveiller le prestataire externe. Pour faire une comparaison venue de l'économie non numérique, le distributeur Walmart était sur une telle trajectoire. Le changement des habitudes de consommation, les achats par Internet, un « *overreach* » géographique, les revendications salariales marquent progressivement la fin de cette période faste. Numérique ou pas, celui qui pense que la croissance peut être infinie dans un monde fini est soit un fou, soit un économiste, disait l'économiste Kenneth Boulding.

Notons ici l'avantage du marché leader, les États-Unis. Toute innovation qui s'implante là-bas accroît ses chances d'être adoptée au niveau mondial ; la réciproque est loin d'être vraie. Ceci explique, en partie, le succès des entreprises innovantes aux États-Unis. Cela commence à être vrai pour la Chine. L'Europe manque, à cet égard, de la communauté linguistique et culturelle de ces deux pays. Un contre-exemple est Spotify, signale Simon (2006), probablement parce que le régime de propriété intellectuelle sur la musique varie d'un pays à l'autre : le marché est, dans ce cas, dit « multi-local » et des entreprises européennes peuvent s'y engouffrer, l'Europe présentant à la fois des marchés à fort pouvoir d'achat, mais cloisonnés par de multiples barrières culturelles et réglementaires. Comme le disait avec humour Nicolas Brusson, cofondateur de BlaBlaCar, qu'on questionnait sur la possibilité d'opérer en Europe avec 28 marchés et 28 régulations : « Quand vous démarrez de la France, tout vous paraît facile ! » L'Europe a peut-être cet atout de pouvoir faire grandir les entreprises numériques multi-locales, qui exigent d'intégrer la gestion d'une multiplicité de normes au cœur de leur modèle d'affaires. On fera au chapitre 5 la comparaison entre Leboncoin et eBay, très illustrative de cet argument.

2- Le *« winner takes all »* (« le premier ramasse la mise ») est une deuxième caractéristique souvent observée, par laquelle l'entreprise qui est la première à innover sur un marché est bien placée pour en prendre la totalité. Certains veulent y voir la simple conséquence de l'effet réseau, mais le lien est loin d'être mécanique. Pour qu'un acteur « ramasse » toute la mise, il faut tout à la fois un effet réseau très fort, bien sûr, mais aussi un produit très différencié, empêchant une concurrence latérale, et un coût élevé pour le client d'avoir plus d'un prestataire (par exemple, une banque plutôt que plusieurs, un réseau social plutôt que plusieurs, etc.). *Cf.* Gawer (2016).

En fait, les cas où le premier est devenu le gagnant sont finalement assez rares. Excel a supplanté Lotus, qui avait supplanté VisiCalc. Chrome a supplanté Explorer, qui avait supplanté Netscape. Visa, dans les cartes de crédit, est venu bien après Diners Club, le véritable innovateur. Apple a supplanté Nokia, même si ce dernier a été l'innovateur pour les écrans tactiles. Facebook a été précédé par MySpace et même Friendster, deux réseaux qui ont disparu. Google a supplanté Yahoo!, et l'internet mobile (Facebook) peut bousculer Google et son moteur de recherche dans le métier de régie publicitaire. Comme on dit, « la concurrence est toujours à un clic ». Amazon est une exception, à vrai dire, d'avoir pu, de simple libraire sur Internet, devenir une telle plateforme dans la distribution de marchandises.

Comme les trois conditions mentionnées plus haut sont rarement réunies, le marché converge souvent vers un *« winner takes most »,* c'est-à-dire une structure d'oligopole ou de duopole. C'est le cas pour Uber et Lyft en ce moment aux États-Unis, analogue à ce qu'on voit dans d'autres secteurs plus traditionnels (Boeing / Airbus ou Coca / Pepsi).

Cela a une conséquence pour l'évaluateur. Il doit, davantage que pour une entreprise traditionnelle, se livrer à une analyse stratégique, entendue comme l'étude des interactions entre acteurs rationnels. Le projet peut-il faire partie du club étroit des gagnants ou des survivants ? Tout autant que l'innovation, c'est le coût d'acquisition du client qui est l'élément décisif, sans qu'on y observe nécessairement des effets d'échelle croissants. Une entreprise aura la chance d'avoir des coûts d'acquisition très faibles parce qu'elle profite d'effets de viralité, de bouche à oreille, qui économisent les budgets publicitaires. Ou bien elle aura cet élément de domination par simple force brute, étant la première à mettre les fonds suffisants pour écraser le marché, une fois son concept mis au point. La concurrence latérale est aussi un moyen de bousculer un leader, par le biais d'un produit présentant des fonctionnalités similaires au produit du leader, mais sous un angle permettant la différenciation.

Pour anticiper, l'évaluateur est dans une curieuse posture : il n'a pas à évaluer un objet fixe ou qui évolue lentement, mais une cible très mouvante. Le concept numérique peut être banal et aisément réplicable, mais plus vite l'entreprise arrive à lever des fonds, plus elle accroît ses chances de l'imposer dans de nouveaux marchés à coups d'investissements commerciaux. On en arrive à valoriser l'entreprise non pour la qualité de son projet, mais, au second degré, pour sa capacité à vendre la qualité de son projet à des investisseurs, qui eux-mêmes anticipent la capacité de l'entreprise à en persuader d'autres dans le futur. On ne doit pas s'étonner que ce processus soit parfois divergent et à l'origine de bulles.

La croissance, la croissance, la croissance

3- La croissance comme élément compétitif, voilà qui n'est pas original, puisque cela résulte directement des deux précédents. L'étalon « profitabilité » au cœur de la valeur d'une entreprise (sa valeur, c'est la somme des profits qu'elle peut rapporter) doit se lire autrement. Ce n'est plus l'investissement d'aujourd'hui qui fait les profits de demain et les emplois d'après-demain, selon le mot de l'ancien chancelier allemand Helmut Schmidt. Cela devient : l'investissement d'aujourd'hui fait l'investissement de demain, qui fera peut-être le profit d'après-demain, avec, pour être juste, des emplois au passage. Il y a donc une forte distorsion du temps qui pose deux problèmes supplémentaires à l'évaluateur : lui, qui préfère toujours un revenu proche qu'un revenu éloigné, doit s'accommoder de plans d'affaires assez longs avant de disposer d'une entreprise « à maturité ». Seconde difficulté, il doit corriger la distorsion qu'entraîne le temps, pour exprimer dans une unité comparable un revenu obtenu aujourd'hui et un revenu obtenu demain. Pour cela il utilise un mécanisme de marché, le prix de ce temps, c'est-à-dire le taux d'intérêt ou d'actualisation tel qu'il se détermine sur les marchés financiers[1]. Mais on cumule alors une incertitude sur le profit futur et une incertitude sur le prix du temps. Les économistes n'ont pas aujourd'hui trouvé un consensus sur ce que doit être le taux d'actualisation sur le long terme : un taux unique, des taux multiples, croissants, décroissants ? Sur quel marché le lire ? Quels retraitements y faire ? *Cf.* Gollier (2002) pour une introduction sur le sujet[2]. La valeur obtenue selon un choix ou un autre peut varier dans des proportions gigantesques.

4- Un bilan léger en actifs corporels, ce qu'on appelle le facteur *« asset light »,* comme on l'a vu sur Mobileye ou, plus encore, sur Instagram. Un trait dominant de l'économie numérique est d'être... numérique, c'est-à-dire de ne pas nécessiter des actifs physiques lourds dans son processus de production. Le logiciel est le plus « corporel » des actifs de l'entreprise.

Pour rester dans le secteur automobile, le graphique qui suit compare la capitalisation de Ford, de General Motors, de Tesla à celle d'Uber (telle qu'on peut la connaître par le prix des entrées des VC à son tour de table). Le rattrapage financier est stupéfiant.

Attention ! « Numérique » ne veut pas dire « ensemblier ». On a constaté, depuis une décennie ou deux, une tendance chez de nombreux groupes, y compris manufacturiers, de sous-traiter auprès de fournisseurs le plus possible de briques de leur offre, de façon à libérer leur bilan des actifs corporels lourds, avec un gain dans la flexibilité opérationnelle. Un industriel sans usine, selon une stratégie prônée

1. *Un tiens vaut mieux que deux tu l'auras,* selon le dicton, ce qui correspond à un taux d'actualisation à 100 %.
2. Ce sont des questions vitales lorsque le profit futur est très éloigné dans le temps, par exemple au-delà de 20 ans. Il n'existe souvent pas de marché liquide donnant le taux d'intérêt à très long terme.

par un ancien dirigeant d'Alcatel avec les controverses que cela a déclenchées, mais que reproduit assez bien une entreprise comme Apple[1]. Pour le numérique, l'*asset light* est au cœur du modèle d'affaires, la notion d'actifs physiques disparaissant complètement, comme pour un réseau social, ou consistant à les faire porter par les clients (les logements par les « hôtes » chez Airbnb).

Graphique 1 : Capitalisation comparée de Ford, General Motors, Tesla et Uber.

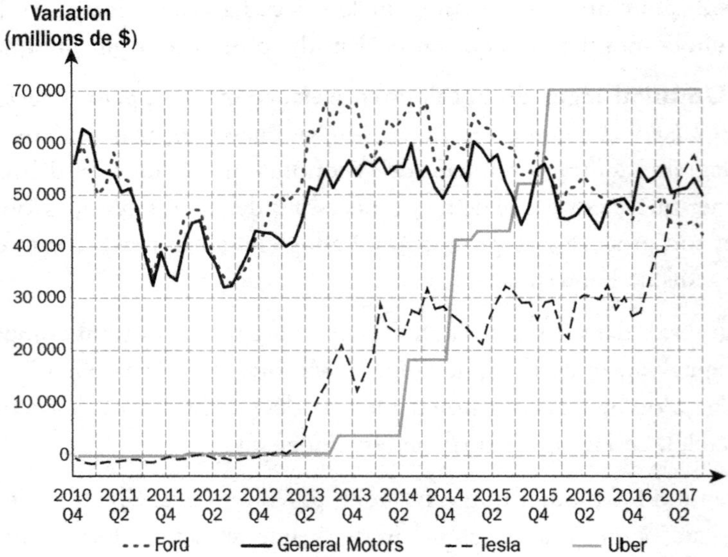

Source : Petropoulos (2016). Pour Uber, il s'agit des valeurs aux différentes entrées de VC.

D'un point de vue stratégique, cela réduit une barrière à l'entrée importante, celle de la mise de fonds initiale pour bâtir l'outil de production. La concurrence en est renforcée. Les besoins de fonds prennent alors une autre nature : une fois la plateforme en place et le

1. Même si elle veut à présent récupérer la conception et la fabrication des cartes mère de ses téléphones, voyant l'avantage donné à Samsung de maîtriser l'une et l'autre.

concept validé, une étape qui demande des mises de fonds de moins en moins importantes sachant la banalisation des plateformes, c'est l'extension commerciale qui importe et qui, parfois, exige de grands volumes de capitaux. Ces capitaux sont investis non pas dans l'outil de production, mais en dépenses d'exploitation, si l'on suit les règles comptables, ce qui pervertit la notion d'investissement et change certaines règles en matière d'analyse de projet. D'où le profil particulier des entreprises à succès dans le numérique : elles surgissent tout à coup de nulle part, champignonnent en un temps très court, jusqu'à la période de déploiement qui consomme, cette fois, des capitaux importants.

Du point de vue de l'analyse financière comme de la comptabilité, ce type d'investissement reste une dépense d'exploitation (par exemple un déploiement commercial), c'est-à-dire un coût variable et non un coût fixe. Il est donc très facile – du moins financièrement – de faire le *scale-up* (le déploiement) de l'entreprise et, quand les choses vont moins bien, le *scale-down* (le repli), par simple réduction des charges courantes. C'est ce que disent les dirigeants de telles entreprises quand ils cumulent les pertes depuis de longues années : « Oui, nous faisons des pertes, mais simplement à cause de cette course en avant commerciale. Si je l'arrête, ma base installée est rentable ! » Dit autrement, le « levier opérationnel » est peu élevé, ce qui confère une grande flexibilité à l'entreprise, un élément important dans une stratégie. Évidemment, le facteur *« winner takes most »* revient se venger : à s'arrêter dans la course en avant, c'est la base installée, même rentable, qui est menacée.

Pareillement, l'absence d'actifs physiques complique l'évaluation. Le bilan d'une entreprise qui réussit n'est parfois constitué que d'éléments immatériels. Tout est « incorporel » ou *« goodwill »*. En conséquence, on ne peut pas rattacher la valeur de l'entreprise (c'est-à-dire la valeur de sa profitabilité future) à des éléments patrimoniaux solides. C'est un gros changement pour l'évaluation. Dans l'immobilier, par exemple, la valeur d'un immeuble, c'est à la fois sa valeur de marché courante, aisément vérifiable sur un marché immobilier actif, et la valeur actualisée de ses loyers futurs : on est ici dans le cas simple où valeur patrimoniale et valeur de profitabilité convergent. Et donc, une société immobilière qui détient des immeubles disposera d'un ancrage de valeur autant par ses flux de loyers que par ses immeubles au bilan. De même, la valeur d'un holding financier, c'est la valeur des participations qu'il porte. La méthode d'évaluation la plus commode dans ces deux cas, c'est la méthode dite « patrimoniale » ou « d'inventaire » : évaluer chaque actif identifiable par pesée sur le marché, puis faire la « somme des parties ». Dans le numérique, plus que dans tout autre secteur, il n'y a point le confort d'un arrimage à du « physique ». C'est même l'inverse, à vrai dire : voudrait-on mesurer la valeur des éléments immatériels de l'entreprise qu'on passerait d'abord par l'évaluation de l'entreprise elle-même, dans sa singularité, pour retrancher ensuite les éléments d'actifs matériels qu'on arrive à isoler dans le bilan (et dans certains cas peu fréquents, les éléments immatériels qui peuvent avoir une valeur marchande connue – les brevets étant souvent cités comme exemple). Beaucoup d'ouvrages circulent sur la question difficile de la valorisation de l'immatériel. Sans vouloir être trop dépréciatif, on s'économise du temps de lecture à en rester à la proposition qu'on vient d'énoncer : procéder par soustraction plutôt qu'addition. L'incorporel, c'est ce qui reste quand on a tout évalué[1].

La dernière remarque est plus macroéconomique : l'entreprise numérique rend un service important, celui d'accroître fortement la productivité ou rotation du capital physique. Grâce au meilleur appariement offre-demande, on saura qui utilise tel élément de capital matériel et quand il le fait. Cela ouvre un champ immense d'activité, qu'on matérialisait imparfaitement ou à coût trop élevé avant cette

1. L'incorporel atteignait, selon le cabinet Ocean Tomo (2015) qui en fait une estimation annuelle, une proportion de 87 % des bilans des entreprises du S&P 500 en 2015, contre 68 % en 1995 et 17 % en 1975. Mais pour exagérer à peine, tout devient immatériel si plongé dans l'univers diffus des flux d'information. Par où commencer ?

révolution numérique. À l'utiliser en covoiturage ou en location, la voiture voit s'accroître son taux d'utilisation – une voiture dont on dit qu'elle reste 95 % de son temps au parking. Ce qui vaut pour le particulier vaudra demain pour le parc de voitures d'une entreprise. Tout cela a démarré avec le logement et a donné naissance aux deux plus belles entreprises du secteur : Booking.com pour les actifs hôteliers et Airbnb pour le logement des particuliers. Mais la notion est déclinée sur toujours plus de biens d'équipement ou de transport : les bureaux, les parkings, les bateaux ; demain, les équipements médicaux, les engins de chantier ou agricoles, etc. En bref, une meilleure rotation des équipements ou encore, dans le jargon des économistes, une productivité du capital fortement accrue. À offre donnée, il y a économie dans l'usage de la ressource, bien d'équipement ou bien intermédiaire.

C'est toute la thématique de l'économie circulaire, un mouvement que les écologistes ne souhaitent pas limiter à la simple fonction du recyclage propre à l'économie verte.

Cette fongibilité accrue des actifs de production permettra, bien plus que dans le passé, de faire vivre des plans d'affaires reposant sur la location plutôt que sur la pleine propriété d'un actif, y compris pour les entreprises industrielles classiques. On doit s'attendre à un rôle accru pour les entreprises financières qui acquièrent un parc d'actifs en vue de leur mise en location, ce qui existe de longue date pour certains actifs disposant de cette qualité de fongibilité (le leasing aérien, de wagons de chemins de fer, de sites immobiliers pour l'hôtellerie, etc.). Pour l'immobilier d'entreprise, certaines entreprises comme WeWork vont plus loin en ne louant pas les locaux, mais en offrant des services d'hébergement avec baux précaires. Cette attractivité plus forte de la location par rapport à la pleine propriété peut pousser à réserver du capital moins risqué – et donc moins coûteux – à la détention des actifs (un peu comme la détention d'avions par les entreprises de leasing), et de concentrer le capital mieux rémunéré et donc plus coûteux aux utilisateurs de ce capital, les entrepreneurs. On notera aussi la tendance inverse au chapitre 5. Dans tous les cas, le financement des actifs physiques de production est en voie de bouleversement.

Et donc, un défi de plus pour l'évaluateur : en théorie, l'appréciation de la valeur d'une entreprise ne doit pas être perturbée par le choix de louer ou de détenir son outil de production, dit autrement par le mode juridique d'usage de ses actifs. C'est un élément important pour le succès de l'économie circulaire que d'assurer cette neutralité, et la puissance publique doit veiller à ce que toute barrière réglementaire ou fiscale entre les deux garde une justification de substance[1]. La mise en garde n'est pas inutile : aujourd'hui, l'agrégat comptable peut-être le plus utilisé dans l'évaluation, la « marge » ou EBITDA – qui est pourtant censée mesurer de façon neutre la performance d'exploitation de l'entreprise –, a le défaut de dépendre encore beaucoup du mode juridique d'exploitation des actifs[2].

Quel est le bon tarif, au juste ?

5- La complexité tarifaire, qui influe sur la rentabilité, est un trait caractéristique de plus. L'économie numérique est largement une économie d'interfaçage, on l'a vu. D'où la question : où est le client, où est le producteur ? Est-ce toujours celui qui paie ou qui est payé ? Quelle est l'origine du chiffre d'affaires ? Le prix est-il pécuniaire

1. La neutralité entre location et pleine propriété est une question où les financiers reconnaissent un dérivé du résultat de Modigliani-Miller. Elle est vraie en l'absence d'obstacles réglementaires ou fiscaux à cette interchangeabilité, ou si les droits de contrôle attachés à la propriété ne sont pas valorisés.
2. Si l'entreprise loue son équipement, le loyer viendra en charge d'exploitation et donc en réduction de son EBITDA ; si elle le possède, elle ne prendra en charge que l'amortissement, un montant moindre que le loyer et qu'on ne voit pas au niveau de l'EBITDA, mais du résultat d'exploitation ou EBIT. À noter que les normes comptables modernes – par exemple, IFRS avec la norme IFRS 13 sur les biens de location – opèrent des retraitements qui corrigent en partie cette distorsion, au prix cependant d'une lourdeur comptable plus grande.

ou acquitté « en nature », par exemple sous la forme d'une information que l'utilisateur livre sur ses habitudes de consommation ? Si la plateforme est multiface, elle doit choisir pour le service qu'elle rend une structure de prix et non un simple niveau de prix, rappellent Rochet et Tirole (2003) dans leur article fondateur. C'est même une des décisions les plus importantes et difficiles du fondateur de startup, comme le rappelait Frédéric Mazzella (2015) parlant de BlaBlaCar. Du coup, l'évaluateur doit avoir une vision claire du modèle d'affaires retenu, notamment pour apprécier sa solidité. Dans le B2C *(« Business to consumer »),* la plateforme cherche un trafic important du côté des utilisateurs, parce que ce sont eux qui drainent d'autres utilisateurs, qui lui donnent une *traction* – selon le jargon en usage, qui désigne la progression des visites ou, mieux, des ventes sur le site. C'est pourquoi les utilisateurs finals ne paient en général rien et c'est le vendeur qui acquitte une commission sur l'annonce ou sur la transaction. C'est valable dans les sites d'information où le contenu est livré gratuitement, et où c'est l'annonceur qui assure le gros du chiffre d'affaires. Mais le modèle est parfois plus complexe. Une entreprise comme Airbnb reçoit sa commission principale du locataire, qui loue à un particulier, mais en perçoit aussi auprès du propriétaire qui met son logement en location. Une règle générale, venue de la théorie fiscale mais que les plateformes ont su bien vite réinventer, est de faire payer davantage celui qui a la mobilité la moindre, c'est-à-dire celui dont la demande ou l'offre du bien dépend le moins d'une variation de tarif (l'élasticité au prix, dans le jargon, *cf.* encadré 2). Mais cette règle est d'une application aussi complexe que pour les impôts : si le locataire est plus mobile que le propriétaire sur une plateforme de services de location, on aurait tort de charger trop lourdement ce dernier, car c'est l'inciter, une fois informé d'une demande, à conclure la transaction hors plateforme. Parfois enfin, il y a carrément subvention, c'est-à-dire un prix négatif, pour pousser l'une des parties à venir sur la plateforme. Par exemple, Android et iOS d'Apple, en tant que plateformes technologiques, font payer les clients pour les applications et subventionnent les développeurs ; les plateformes de jeux (Nintendo,

Gamebox) font payer les utilisateurs de jeux et rémunèrent les développeurs. Paypal, dans les services de paiement, fait payer le détenteur de cartes de débit et non le marchand ;Visa ou Master Card font l'inverse. Même diversité dans la presse en ligne. Parfois même, la différence entre le producteur et le consommateur devient floue, comme sur YouTube, où les gens postent leurs propres vidéos et génèrent ainsi du trafic. Les revues scientifiques, désormais numérisées, s'interrogent si elles doivent continuer à faire payer le lecteur ou, au contraire, l'auteur, ou les deux. Beaucoup observent enfin que le consommateur en mode gratuit paie en réalité en nature, sous forme des informations personnelles dont il gratifie le site. On est dans le domaine de la concurrence biface, qui s'exerce vis-à-vis des deux contreparties de la plateforme.

Relevons avec quelque ironie que la venue des comparateurs transversaux de prix a souvent réduit, plutôt qu'accru, la compétition entre les opérateurs d'une activité, par exemple l'offre de téléphonie mobile ou de transport aérien : en un premier temps, le consommateur a pu « arbitrer » les prestataires les plus chers au profit des moins chers. En un second temps, les prestataires ont rendu leur structure de prix moins lisibles, accru les options, ce que les économistes de la concurrence appellent « l'offuscation du prix ». C'est un recul de la transparence du marché, dont les professionnels en marketing savent de longue date qu'elle gêne l'extraction du surplus du consommateur.

Une distinction importante, appréciée des investisseurs, concerne le mode de facturation, par commission à l'acte ou par abonnement (ou enfin, mais c'est moins fréquent, par achat du logiciel de la plateforme lui-même). Les abonnements sont un élément plus stable du chiffre d'affaires, et donc mieux valorisés, mais pas toujours aisés à mettre en place.

Et rappelons-nous des rendements croissants qu'on évoquait plus haut : le coût d'un client supplémentaire passant par Nintendo ou Airbnb est nul ou très faible pour la plateforme, limité au coût de démarchage commercial, alors que le service est toujours facturé au même prix. Cela rend très incertain le potentiel de revenu de la plateforme, immense si la clientèle s'accroît, nul dans le cas inverse. La création de telles rentes est difficile, mais une fois celles-ci présentes, elles peuvent durer longtemps. *Cf.* Rerolle, qui, dès 1998, anticipait les problèmes en résultant pour l'analyste financier.

Dans le numérique, on est moins protégé par les brevets

6- L'absence (fréquente) de droits de propriété intellectuelle. C'est un point important, s'agissant des plateformes, qui les distingue d'autres entreprises technologiques. Par exemple, Devialet, une startup française qui a mis au point des enceintes audio très innovantes[1], a déposé de nombreux brevets sur sa technologie, verrouillant ou du moins rendant malcommode la copie par d'éventuels concurrents. Ce n'est pas le cas d'une plateforme comme Leboncoin, Snapchat, Tencent ou même Amazon[2]. Le volet « technologique » y est simple et peu « excluable », comme l'est un bien public : un bon logiciel d'appariement est un produit désormais banalisé, même si le diable se glisse toujours là où il sait. Facebook ou MSN ne se privent pas de répliquer ce qui a fait l'originalité un temps de Snapchat, comme on le verra au chapitre 4. Il faut voir là un motif de plus pour ces plateformes de se soumettre à l'impératif de croissance afin d'attraper le vent des rendements croissants et évincer ainsi la concurrence.

1. Devialet est une probable future licorne française (entreprise dont la valorisation dépasse le milliard de dollars).
2. Même si, durant un temps, Amazon avait réussi à faire enregistrer sa technologie (*sic* !) du *« one click »*, ce sur quoi l'Office américain des brevets et des marques était revenu.

Encadré 4 : Pourquoi le B2B est-il moins touché que le B2C par le phénomène de numérisation ?

La première vague d'entreprises numériques, lors de la « bulle internet » des années 2000, s'est développée prioritairement dans le B2B (« *Business to business* »), le service aux entreprises. Avec des échecs fracassants. Les réussites que l'on voit aujourd'hui, si on en juge par les GAFA, concernent, dans la plupart des cas, des services aux particuliers. Pourquoi ? Et cela doit-il durer ?

Une première raison tient à ce que les particuliers étaient et restent souvent exclus de certains marchés (publicité, crédit, location, etc.) auxquels les entreprises ont couramment accès, capables qu'elles sont d'assumer les coûts de coordination. Si le leasing aérien fonctionne depuis longtemps, la location à la demande d'un logement pour courte durée est chose plus difficile. Le numérique permet donc une extension aux particuliers de services déjà rendus aux entreprises, parce qu'il les rend économiquement accessibles. De plus, le coût commercial d'accès aux clients a toujours été historiquement très élevé, s'agissant des particuliers (ou des PME). Le bouche à oreille, ou marketing viral, arrive parfois à le réduire à presque rien. Et une fois que le marché du particulier a acquis son « épaisseur », il peut devenir très rentable, en dépit du fait que le consommateur exerce une très forte pression pour avoir les meilleurs prix ou imposer la gratuité. C'est ce que montre une analyse de Booz & Company (2011) : la marge unitaire par client est très faible, mais les clients sont nombreux, ce qui fait qu'à ce jour, ce sont les secteurs numériques les plus éloignés du consommateur qui sont les moins profitables.

Une seconde raison est que les besoins sont plus spécifiques, le niveau de qualité et de sécurité requis est plus élevé pour l'entreprise, naturellement plus exigeante. Le potentiel de numérisation est plus faible, quand numérisation veut souvent dire offre homogène et encadrée, avec un jeu d'options limité.

Alibaba est l'exception. L'entreprise est partie à l'origine du métier de pages jaunes. Son catalogue marketing sur Internet permettait aux entreprises chinoises de présenter leurs offres commerciales et de faciliter les transactions avec leurs acheteurs. C'est ainsi qu'elle est devenue le volet B2B de ce qu'Amazon est dans le B2C. Forte de ses 200 Md$ de capitalisation, elle se mesure désormais avec cette dernière (qui capitalise 460 Md$). Elle a développé son métier d'origine vers le service de logistique, de transport, de publicité, et même, avec *Trust*, d'assurance-crédit. Elle se développe rapidement dans le reste de l'Asie et sera prochainement en

Europe, ce qui est heureux pour le consommateur qui souhaiterait ne pas dépendre que d'Amazon.

Mais cette exception n'en est pas une, comme le montrent bien Evans et Schmalensee (2016) : la Chine était typiquement un pays peu avancé, avec des carences terribles en matière d'infrastructure juridique, logistique et financière. Alibaba répondait à ces carences. Dans les pays avancés, les relations clients-fournisseurs étaient déjà sophistiquées, de sorte que les entreprises percevaient mal l'avantage que pouvait leur offrir une plateforme d'échanges. De plus, le message des plateformes B2B les desservait : elles allaient, disaient-elles, faire baisser les prix par une plus forte mise en concurrence. L'entreprise pouvait acquiescer comme client, mais pas comme fournisseur !

Les choses vont changer rapidement. Amazon attaque de plus en plus les marchés B2B et Alibaba les marchés de particuliers, avec 1688.com (1688 se prononce comme Alibaba en chinois) : l'une et l'autre peuvent avoir indifféremment des entreprises ou des particuliers comme clients, parce que les uns comme les autres utilisent la plateforme et l'écosystème qui va avec pour vendre aux particuliers, en marché d'occasion, s'agissant des échanges entre particuliers. Et elles disposent toutes les deux de la base logistique nécessaire pour rentabiliser leur venue sur le marché jumeau. Il s'agit là d'une menace pour certains acteurs dans le B2B, par exemple les grands grossistes industriels, comme Sonepar ou Rexel dans la distribution électrique, même si leur expertise de longue date leur permet de franchir eux-mêmes le pas vers le numérique.

Chapitre 2

Une valorisation sujette à de nombreux risques

Il n'y a pas d'évaluation sans bonne mesure des risques, parce que le risque affecte la profitabilité future, interdit de reconduire à l'aveugle les multiples de valeur observés dans le passé et détermine le taux d'actualisation qui ramène à aujourd'hui ces profits futurs. Le danger n'est jamais dans le risque, mais dans une mauvaise appréciation des risques. Ils abondent pour toute entreprise, mais certains sont particuliers à l'économie numérique, par exemple, les risques liés à une croissance très forte et mal maîtrisée. Certains peuvent être regroupés sous le terme de « risque technologique », par lequel une innovation venue aujourd'hui périme l'innovation d'hier, celle qui faisait la force de l'entreprise. S'assurer contre ce type de risque se fait essentiellement par la R&D interne, toujours un gros budget dans les entreprises du numérique, ou par une stratégie d'acquisitions ciblées pour combler un retard constaté. Ce n'est pas l'objet de ce livre que d'en traiter. L'encadré 19 du chapitre 4 montre qu'une politique financière appropriée aide aussi à les limiter.

On se concentre ici sur quatre types de risques qui conditionnent très fortement la valeur d'une entreprise du numérique. Ils proviennent tous de la nouveauté de cette économie, qui fait que la législation et les institutions, au sens large, n'ont pas eu le temps de s'adapter encore au choc majeur qu'elle implique. On parle ainsi du risque lié à la réglementation concurrentielle, du risque lié au droit du travail, du risque fiscal et du risque lié à la protection des données et de l'individu.

Ce sont des risques qu'il est difficile de modéliser ou de baliser sur la base d'une expérience industrielle ou d'une jurisprudence établie : on est dans le domaine de l'innovation, du radicalement nouveau, de sorte que les belles mesures de probabilité s'appliquent rarement. Ici, l'incertain gouverne.

Ce sont aussi des risques qui ont valeur de couperet. Ils peuvent faire basculer la valeur de zéro à un nombre très grand – ou l'inverse ! Une marche ratée, et c'est peut-être la fin. Pour prendre un exemple, si l'on devait imposer d'un coup aux propriétaires qui louent leur logement *via* Airbnb les normes sanitaires et techniques qui s'imposent à l'hôtellerie classique, ce beau modèle passerait un mauvais moment. Quel est le risque qu'il en aille ainsi ?

La réponse de l'évaluateur dans ce contexte n'est qu'un pis-aller, mais incontournable : établir des scénarios pour border l'incertain. *What if ?* Que se passe-t-il si… ? Les évaluateurs envisagent régulièrement des scénarios ou des variantes, mais, s'agissant du numérique, l'exercice devient indispensable. Il a sa contrepartie positive, parce que bâtir des scénarios est un outil heuristique efficace pour interroger la viabilité d'un modèle d'affaires. Tout projet – on affirme ici une loi générale – qui ne repose que sur un élément fortuit, comme l'est une incohérence dans le domaine fiscal ou réglementaire, est le plus souvent un mauvais projet.

Risque en matière de réglementation anti-monopole

La question de la concurrence s'envisage sous un double aspect : une remise en cause de situations de monopole qui peuvent se créer dans certains domaines du numérique ; et, plus diffus, une vigilance sur la concurrence à un niveau microéconomique, le plus souvent dans l'intérêt du consommateur. Le premier point d'abord.

Le jeu combiné de l'effet de réseau et du *« winner takes most »* aboutit classiquement à ce qu'on appelle une situation de monopole naturel. C'est elle qui, au moment où se construisait le réseau ferroviaire aux États-Unis, a fabriqué la fortune d'un Vanderbilt ou celle d'un Bill Gates quand Microsoft a été capable, par effet réseau, d'imposer Windows comme la norme privée mondiale pour les systèmes d'exploitation des PC. Cela se reproduit avec le numérique, comme on le voit aujourd'hui avec la puissance des GAFA.

On n'est pas encore à la veille d'un choc majeur, cataclysmique, sur la valeur financière de ces entreprises, comme ce fut le cas lors du Sherman Act en 1890 aux États-Unis, première législation antimonopoliste au monde, suivie, avec la venue au pouvoir de Théodore Roosevelt, par la chasse aux *robber barons.* Zuckerberg y reste plus populaire dans l'opinion que ne l'était devenu Rockfeller. De même, l'administration Trump aux États-Unis ne semble pas prise dans une frénésie de lutte contre les monopoles. Si l'on reconnaît la présence de monopoles établis ou naissants, c'est pour ajouter très vite « monopoles bienveillants », où l'innovation technique reste extrêmement active. Beaucoup de grands groupes du numérique font coexister en leur sein des équipes et des projets concurrents (*Waze* contre *Maps* chez Google). L'idée vaut toujours qu'une avancée technologique saura demain détrôner le vainqueur d'hier.

Mais certains cas juridiques se sont fait jour, comme les plaintes portées par la Commission européenne contre Microsoft ou Google, ou les positions de la FCC, l'organe en charge de la régulation des télécoms aux États-Unis, ou du Parlement européen sur l'important sujet de la neutralité de l'Internet (encadré 5).

Il faut noter l'ironie : la bulle Internet des années 2000 vivait de la promesse de la fin des barrières à l'entrée, de la venue de milliers d'acteurs sur le champ internet et numérique ; ceci pour, quinze ans après, constater que, domaine par domaine, le gros de l'activité a eu tendance à s'agglutiner sur quelques acteurs importants. C'est le phénomène Amazon, à nouveau. Si le vrai moteur de la place de marché, au-delà du logiciel de mise en contact, est le support logistique très lourd à l'arrière, il est très difficile de freiner la concentration, parce qu'on retrouve une logique à l'œuvre dans la grande distribution : la liquidité de la place de marché, les rabais obtenus des fournisseurs ou des participants à la plateforme, etc. Elle crée l'effet d'échelle, elle érige de nouvelles barrières à l'entrée.

Comme le note Colin (2016), il est peu probable que la législation américaine vienne se mettre en travers du chemin d'un Facebook ou d'un Amazon. Sa jurisprudence, constante depuis Ralph Nader, montre qu'elle ne s'engagera dans une procédure que si les intérêts du sacro-saint consommateur peuvent être clairement atteints. Et il est difficile de s'en prendre politiquement à des monopoles si populaires auprès du consommateur, même quand il est fait état de pratiques répréhensibles, y compris au regard du droit, envers les salariés, les fournisseurs ou même envers les consommateurs s'agissant de la collusion sur les prix[1] ; et, allant plus loin, envers certaines coutumes et pratiques de la vie sociale. Colin fait le parallèle avec Walmart, ce leader mondial dans la grande distribution de détail : lui, qui a enfin trouvé un concurrent de poids avec Amazon, s'est vu attaqué vivement dans son comportement vis-à-vis de ses salariés, jusqu'au point d'être obligé de prendre des mesures de relèvement de salaire pour son million et plus de salariés. Peut-être qu'Amazon sera tenu de prendre le même type de mesures envers les salariés qu'il a toujours plus nombreux dans ses entrepôts s'il ne veut pas qu'une opinion

1. On dit à raison qu'Internet aide énormément le consommateur en rendant beaucoup plus fluides et transparents les offres et niveaux tarifaires qui lui sont proposés. Mais on évoquait (encadré 2) les possibles abus en matière de marketing offensif et de discrimination tarifaire. Dans un livre récent, deux professeurs de droit de la concurrence, Ariel Ezrachi et Maurice Stucke (2016), vont plus loin et notent qu'Internet permet, en même temps que la transparence, la possibilité pour les acteurs de se surveiller mutuellement et donc de rendre plus stables les collusions tarifaires, sans avoir besoin des rendez-vous du mercredi après-midi. De la même façon, les grandes plateformes du type Uber ou Amazon, qui font intervenir des tiers sur leurs plateformes, aboutissent souvent à l'établissement d'un prix unique. C'est une forme légale de fixation des prix.
Les algorithmes de fixation de prix, de plus en plus courants, portent aussi le risque de collusion. Ce peut être le cas lorsque deux ordinateurs se parlent et cherchent, dans un dialogue de somnambules, à s'arranger sur le prix. On raconte qu'un livre d'occasion a atteint le prix de 28 M$ sur Amazon : l'algorithme d'un site d'achat faisait croître le prix de 1,25 % sur le prix offert par l'algorithme d'un autre site, qui lui-même renchérissait le prix de 0,6 % !

publique, ou plus probablement les salariés eux-mêmes, s'élève contre le poids qu'il a acquis.

Le régulateur a encore un pouvoir très limité face à la concentration : il en reste encore beaucoup à l'analyse du prix et des quantités, omettant d'autres formes de concurrence, qu'est par exemple la captation des talents, avec des niveaux de salaire les rendant inaccessibles aux nouveaux entrants. Il lui est difficile de définir le marché dit pertinent, sur lequel est censé s'exercer le pouvoir de monopole. La discrimination tarifaire pure, qui pénalise un concurrent, est compliquée à prouver. Il risque d'être lui-même instrumentalisé dans le jeu de la concurrence, comme pourrait le montrer la récente plainte contre Google portée devant la Commission européenne et qui pourrait lui coûter 2,42 Md€ : ce sont Microsoft et Oracle qui en sont à l'initiative.

Les contrepoids venus du terrain, sous forme d'une innovation de rupture qui rend d'un coup obsolète celle sur laquelle s'appuie l'acteur dominant, sont également très faibles. Par exemple, la technologie du *« search »* est maintenant largement banalisée et, pourtant, les chances que quelqu'un puisse s'imposer dans ce domaine contre Google par une technologie supérieure sont désormais très faibles, tant elle est devenue un élément presque annexe de l'offre complexe qu'arrive à présenter le groupe. Le serait-elle d'ailleurs que Google se dépêcherait de la racheter préventivement, ou pire encore de copier délibérément l'innovation (non protégée le plus souvent par des droits de propriété) et ainsi de vider toute la valeur du jeune concurrent qui prétendait lutter contre le gros[1]. Ces acquisitions prédatrices sont une problématique qu'on va retrouver au chapitre 4 à propos de

1. Ainsi, Facebook introduit dans MSN, par plagiat délibéré, l'astuce fondatrice de Houseparty, une toute jeune application très populaire chez les jeunes, permettant de visualiser sur l'écran six conversations à la fois. On rapporte ce mot d'ordre interne chez Facebook : « *Don't be too proud to copy* » (n'ayez pas l'orgueil de ne pas copier), ce qui va plus loin que « il n'y a pas de honte à copier ». Voir « Houseparty, nouvelle victime de la stratégie de copié-collé de Facebook », *Les Echos*, 14/08/17.

l'évaluation des réseaux sociaux, et au chapitre 5 quand on traitera des possibilités de réplique des acteurs en place, avec l'effet en retour sur leur propre valeur.

Tout cela pour redire avec force que l'évaluateur ne peut pas, bien plus que pour les entreprises traditionnelles, s'exonérer d'une analyse stratégique. Une position de monopole signifie une valeur plus haute – ce que les actionnaires apprécient – mais qui va de pair avec le risque d'une contestation, sur le terrain industriel ou sur celui du droit, qui nuirait en retour à l'entreprise et à ses actionnaires. À lui de voir si l'entreprise a le potentiel de capter un surprofit durable lié à une position de marché inexpugnable, ou s'il existe des points de fragilité.

Risque de concurrence déloyale

On évoque ici un risque plus diffus mais bien réel portant sur l'équité dans la concurrence et la protection des consommateurs. Et donc de la capacité, politique ou juridique, des acteurs en place à s'interposer et à réagir.

Quand vous payez une chambre d'hôtel, vous n'achetez pas simplement l'usage d'un lit. Vous payez aussi une garantie de sécurité et d'hygiène, l'attention d'un personnel formé, etc. Vous payez également le coût de la supervision réglementaire, et donc des corps d'inspection qui surveillent les prestataires hôteliers[1]. Vous acquittez le coût des taxes qui pèsent sur toute la chaîne de production. Le personnel à votre service jouit de certaines garanties, lui aussi, et acquitte des impôts et des cotisations sociales. Si l'économie numérique s'affranchit de ces coûts et qu'on juge ces coûts légitimes – ce qu'ils ne sont

1. Même si les retours de consommateurs par le biais de la notation réduisent le besoin d'inspection sur certains critères (mais pas sur d'autres : le risque incendie, par exemple, ou la qualité sanitaire pour l'alimentation).

pas toujours –, il y a clairement un problème de concurrence, aggravé d'un possible problème de protection du consommateur, d'infraction à la réglementation fiscale ou au droit au travail. Le succès économique ne viendrait ici que de la capacité à s'affranchir des impôts, normes et lois, ou à jouer sur leur absence.

Toute réglementation en la matière, et c'est vrai du droit en général, ne peut être que suiviste[1] : elle observe le phénomène et, sur cette base, prend les mesures qui évitent les risques ou conviennent d'indemnités de réparation en cas de dommage. Ou refuse de réglementer s'il s'avère que la contestation n'est que le moyen agité par les acteurs en place d'écarter des concurrents innovants. Il n'y a pas de réglementation qui sache anticiper l'ensemble des configurations futures, les sociétés et les économies évoluant largement à leur guise, ce qui est heureux. Mais l'économie numérique met devant le fait et force l'État à adapter la régulation. Par exemple, les bouleversements dans les techniques de télécommunications obligent sans cesse à un remodelage constant du cadre réglementaire (encadré 5). À un niveau plus quotidien, la réglementation du transport collectif urbain est remise en cause avec l'arrivée de certaines technologies : l'examen probatoire aux chauffeurs de taxi parisiens exige des candidats de savoir par cœur un grand nombre de noms de rues de Paris. À l'âge du GPS, cette exigence est vaine et représente un frein pour les aspirants chauffeurs. La réglementation doit donc s'adapter, en gardant à l'esprit que son bénéfice collectif doit l'emporter sur le coût qu'elle occasionne (notamment par érection de barrières à l'entrée qui favorisent les rentes) et sur les risques de capture du régulateur par des intérêts privés. Elle n'est pas là pour protéger les gloires passées. La mutation qui s'ensuit est douloureuse pour certains, notamment les travailleurs

1. Le principe de précaution introduit, à cet égard, une novation utile dans le droit, propre à traiter des situations d'incertitude très grande, où en général le risque est très faible en fréquence mais gigantesque en termes de sévérité. Mais la plupart du temps, *« vous ne savez pas ce qui est trop, à moins de savoir ce qui est plus que trop »*, rappelle le poète William Blake.

en place, mais fait appel à une autre fonction de l'État que la régulation industrielle, celle de la formation ou celle de la solidarité et de l'assurance collective[1].

Dans un projet de startup, l'analyse juridique de l'environnement est indispensable. Et souvent, les fondateurs et les investisseurs qui les suivent ont tendance à confondre deux situations, même s'il y a une continuité entre les deux :

1. Dans un premier cas, la législation en place permet l'entrée de nouveaux modes d'activité. Par exemple, Airbnb ou BlaBlaCar ont profité de cette liberté nouvellement offerte, et c'est la massification créée par le numérique qui a fait réagir les autres acteurs et donc poussent les autorités à changer la loi, souvent afin de la durcir. Il est difficile d'anticiper la réaction des pouvoirs publics, mais il est raisonnable de tenter puisqu'on est dans la légalité à l'origine.
2. L'autre cas de figure est celui où une analyse juridique montre que la loi ne permet pas, sauf failles improbables. On peut essayer de trouver la faille – difficile en cas de réel succès – ou de grossir suffisamment vite pour ouvrir des barrières existantes. La plateforme Heetch, par exemple, proclamait dès ses débuts faire du covoiturage, de façon à ce que leur modèle rentre gentiment dans le cadre de la loi sur le covoiturage. Les juristes indiquaient que cela n'était pas possible. La victoire des taxis devant le tribunal était très largement prévisible. Pourtant, la plateforme avait réussi à lever plusieurs millions d'euros.

Il importe de comprendre le régime juridique des plateformes, du moins en France : elles sont considérées comme des hébergeurs (art. 6

1. Dans le cas des taxis, la loi cherche aussi à ménager une sorte de paix sociale quand elle maintient en France la distinction anachronique entre VTC et taxis. Le but est de ménager une sortie le plus en douceur possible du statut de taxi, pour leur éviter un choc patrimonial trop violent sur les licences (les « plaques ») qu'ils ont acquises très cher. Voir aussi le chapitre 4-K sur l'évaluation d'Uber.

de la loi pour la confiance en l'économie numérique) et, à ce titre, ont une responsabilité pénale et civile limitée. Mais leur responsabilité s'accroît dès qu'elles jouent un rôle beaucoup plus actif : mise en avant des offres, manque flagrant de diligence dans le contrôle, etc. Dans ce cas, elles encourent plusieurs risques : concurrence déloyale, complicité de travail dissimulé, infraction aux réglementations sectorielles, complicité d'exercice illégal de profession réglementée. Ainsi, eBay a été condamnée en 2012 dans une décision qui fait jurisprudence, pour recel de vente de produits présentés sous une marque contrefaite. Une plateforme de services entre particuliers, où tout un chacun peut rendre un service à son voisin pour quelques sous, a été condamnée pour recel de travail dissimulé, en raison de l'usage mal contrôlé qu'en faisait le bon voisin.

Encadré 5 : La neutralité de l'Internet et l'évaluation des acteurs du numérique

Les réglementations autour d'Internet concernent de façon décisive trois parties : les fournisseurs de contenu (Disney, Canal+, Le Monde), les gestionnaires du réseau (Orange, Altice-SFR...) qu'on appelle les fournisseurs d'accès internet ou FAI, et les consommateurs que nous sommes. Sachant les enjeux, notamment pour l'évaluation boursière des entreprises impliquées, les débats prennent un tour passionnel, cristallisé sur un mot étendard : la neutralité du net.

La FCC, l'autorité en charge de réguler les télécommunications et Internet aux États-Unis, avait pris, avant l'élection de Trump, un arrêt très clair en faveur de cette « neutralité ». De quoi s'agit-il ?

L'exemple de La Poste, un réseau qui présente certaines des propriétés du web, aide à comprendre. Comme pour Internet, il est tripartite. Il regroupe le ou, désormais, les distributeurs qui gèrent le réseau, les expéditeurs de courriers et ceux qui les reçoivent. Dans la plupart des pays, le réseau postal a un statut de « service public », dont la conséquence première est la règle du prix unique : il n'en coûte pas plus cher d'expédier une lettre au sein d'une grande ville ou au fond de la campagne. Il n'y a pas de discrimination tarifaire entre usagers pour un même service. Ce principe de « neutralité » vaut pour d'autres biens, par exemple l'électricité ou le gaz, pourtant des activités désormais hautement concurrentielles entre acteurs privés. C'est celui que la FCC entend encore faire prévaloir pour le réseau internet et c'est celui que souhaite le Parlement européen.

Mais certains s'opposent à cette règle du prix unique avec des arguments solides. La bande passante internet est une ressource qui n'est pas extensible à l'infini et où l'engorgement pénalise l'ensemble des utilisateurs. Il n'est pas efficace qu'un Netflix, gros mangeur de bande passante, évince le petit utilisateur ; ou, à l'inverse, que la multiplicité des petits internautes abîme la qualité des films envoyés. Un film exige rapidité de transmission tandis que d'autres services peuvent attendre quelques millisecondes de plus (un mail). S'agissant d'une ressource rare, la meilleure façon d'allouer la bande passante reste encore un marché libre permettant aux FAI de facturer davantage les prestataires qui veulent disposer d'un accès rapide à leurs clients. La Poste a bien une tarification différente pour une lettre délivrée à J+1 plutôt qu'à J+2.

Les FAI sont naturellement les acteurs qui militent pour des prix modulables selon les clients parce que ceux-ci sont la clé de leur rentabilité. Les grands fournisseurs de contenu, sans surprise, préfèrent la neutralité et donc le prix unique. C'est le cas de Google, par exemple, à la fois pour s'acheter une conduite – l'internaute moyen n'aime pas trop les monopoles naissants –, et parce que son moteur de recherche et le site YouTube qu'il détient sont universellement utilisés par les petits usagers. L'enjeu pour les FAI, aujourd'hui simples fournisseurs de tuyaux, est de récupérer une partie de la rente de rareté. Car c'est bien là l'enjeu. À assécher leur rentabilité, disent les FAI, on pénalise leurs investissements dans l'amélioration du réseau ; à assécher la leur, répondent les autres, on pénalise l'investissement dans les contenus. Il est de bonne guerre de chaque côté de brandir les sacro-saints intérêts du petit usager, qu'on sait toujours convoquer dans ces moments graves : qualité de l'écoute dira l'un, du contenu dira l'autre. À ce jeu de la popularité, c'est plutôt les producteurs de contenu qui semblent l'emporter aujourd'hui.

Si les marchés fonctionnaient idéalement, il serait possible de rendre compatibles investissement dans les réseaux et investissement dans les contenus, tout cela au profit du consommateur. Les FAI offriraient deux types de contrat, l'un pour les prestataires de contenus gourmands en bande passante, l'autre aux petits utilisateurs. La meilleure rentabilité des FAI irait accroître l'offre de tuyaux, inciter de nouveaux acteurs à rentrer et donc, à terme, peser sur les prix pour les consommateurs. La demande accrue de ces derniers stimulerait en retour l'offre de contenus.

Est-ce bien le cas ? Le cœur de la question repose sur la possibilité d'établir une vraie concurrence sur le marché des FAI. Les coûts fixes sont très élevés, ce qui leur donne une position de monopole naturel : plus on a de clients, plus on rentabilise le réseau en place. On est ici typiquement dans le cas de la concurrence biface : les FAI sont les intermédiaires entre les sociétés de média, qui produisent du contenu, et l'utilisateur final, qui le consomme ; donc, en rivalité, pour l'établissement de leur marge, avec les uns comme avec les autres. La tentation deviendrait forte pour les FAI de ralentir artificiellement le débit de la « voie lente » afin d'accroître la demande pour la « voie rapide ». La liberté tarifaire reviendrait à leur permettre de capter une part exorbitante de la marge.

La majorité des économistes et, jusqu'à récemment, la FCC, pensent qu'il est encore préférable de conserver la règle du service public, dont il faut observer qu'elle n'a pas empêché à ce jour un investissement massif dans les réseaux. Patrick Drahi et son holding Altice, qui détient SFR, continuent d'y investir lourdement. En même temps, il est un des acteurs en Europe (avec BT au Royaume-Uni) qui investit le plus dans les contenus, comme pour couvrir son risque en ayant un pied de chaque côté.

Que disent les marchés financiers de ce débat ? Pas facile à dire, dès lors que beaucoup d'acteurs sont hybrides : le journal *Le Monde* ou le *New York Times* sont favorisés s'il y a neutralité, au moment même où ils vivent douloureusement la montée en régime du modèle internet. Côté FAI, on a également des ambivalences.

Une nouvelle donne se dessine du côté des États-Unis : la FCC, suivant la ligne qu'impose son nouveau responsable nommé par Trump, s'affiche désormais vivement pour la non-neutralité. Plus encore, elle soutient le passage au Congrès des États-Unis d'une loi permettant aux FAI la vente ou l'utilisation dans des offres marchandes de leurs immenses bases de données client. C'est un mouvement majeur, propre à rebattre les cartes dans le métier d'agence publicitaire par Internet, à la Google. Le même Altice, par l'acquisition récente du moteur de recherche internet français Teads, préfigure peut-être ce type de renversement concurrentiel.

Un environnement du travail forcément mouvant

Les chauffeurs Uber, puisqu'il est emblématique de partir de cet exemple, ont conduit dans de nombreuses villes du monde des mouvements de protestation contre la plateforme qui les « emploie », les guillemets marquant bien l'ambiguïté de la relation qui s'instaure entre les plateformes du numérique et le personnel qui travaille par leur intermédiaire. La plateforme est-elle en quelque sorte leur « employeur », dont par conséquent ils seraient les « salariés » ? Les personnels en question, dont l'esprit d'indépendance est connu de toute personne qui prend un taxi, le veulent-ils ? C'est toute la question – décisive pour l'évaluateur – levée par ce qu'on appelle en anglais la *gig economy,* ou économie des pigistes pour en prendre la traduction la plus fidèle[1].

Le droit du travail en France ne diffère pas en cela de l'approche d'autres droits nationaux, y compris aux États-Unis, pays où un chauffeur d'Uber vient d'être requalifié en salarié, au motif que la plateforme va bien au-delà de la simple mise en relation[2]. D'autres plaintes en action collective sont introduites par les chauffeurs devant les juges fédéraux sur le même motif[3]. Comme le dit l'arrêt d'un tribunal britannique devant un cas analogue : « *La notion qu'Uber est à Londres une mosaïque de 30 000 entreprises individuelles reliées par une plateforme commune est, à nos yeux, légèrement ridicule*[4]. »

La valeur financière d'Uber serait, bien sûr, fortement affectée si on le désignait comme l'employeur des centaines de milliers de « chauffeurs-partenaires », comme ils les appellent prudemment, qui travaillent pour lui de par le monde. Cette question présente deux volets

1. *Cf.* OECD Insights (2016), « The gig economy will not abolish working 9 to 5 », avec une bonne ouverture sur toute la littérature sur la question. C'est l'économie des petits boulots – *gig* pouvant se traduire par pige ou pigiste.
2. L'enjeu du statut de salarié aux États-Unis n'est pas tant, comme cela le serait en France, les conditions de travail et de licenciement, mais la question des assurances sociales que doit tout employeur.
3. Dans un cas précis, Uber a préféré une transaction, au coût pour lui de 100 M$, soit 26 000 $ pour chacun des chauffeurs qui les menaçaient d'une plainte.
4. Les avocats d'Uber, lors de ce procès, se prévalaient imprudemment de la jurisprudence « Stringfellow Club », un célèbre bar érotique de Londres, qui emploie des danseuses-contact *(lapdancers).* Les plaignantes n'avaient pu être requalifiées comme salariées.

et a donc deux enjeux financiers différents : les protections sociales (retraite, santé, accidents du travail) dont bénéficient les travailleurs de ces plateformes ; les garanties juridiques associées au contrat de travail, en cas de rupture du contrat, par exemple.

Le premier point va progressivement conduire à la mise en place de systèmes d'assurance, privés ou publics, améliorant l'environnement de travail des prestataires au travers des plateformes. Ces dernières vont probablement se voir imposer de prendre une part importante de ces protections, de sorte que leur coût de fonctionnement en sera renchéri. C'est déjà le cas en France où l'article 60 de la récente loi Travail impose aux plateformes de financer sous certaines conditions les cotisations accident du travail[1]. Elles n'auront pas toujours – sauf si leur domination de marché est assurée – la possibilité d'en reporter la charge sur l'une ou l'autre des parties en présence, côté demande ou côté offre, ce qui risque d'obérer leur rentabilité.

Contrat de prestation ou contrat de travail ?

L'aspect contrat de prestation, second point, imposerait dans l'idéal à l'évaluateur un travail d'analyse assez précis pour mesurer le risque de requalification en « contrat de travail ». Dans la plupart des droits nationaux, il y a présomption de lien salarial lorsqu'il y a « subordination » du travailleur à l'entité avec laquelle il est en lien pour son travail régulier[2]. Un rapport récent de l'IGAS (2016) commente la

1. Le rapport de février 2017 remis par Jacques Rapoport, médiateur entre les VTC et les taxis, propose d'aller plus loin et de couvrir la maladie et la santé.
2. Marqué par un arrêt important de la Cour de cassation en date du 13 novembre 1996. Est dite constitutive d'un lien de subordination *« l'exécution d'un travail sous l'autorité d'un employeur qui a le pouvoir 1- de donner des ordres et des directives, 2- d'en contrôler l'exécution et 3- d'en sanctionner les manquements de son subordonné »*. Cet arrêt précise, de plus, que l'intégration dans un service, typiquement un service de transport, est un indice de *« l'existence d'une subordination »*.

jurisprudence française – qui va encore évoluer – sur le sujet. Pour échapper à la présomption de subordination, *« le prestataire doit être libre d'accepter ou non une prestation ; la plateforme ne doit pas lui donner d'instructions ; la plateforme doit éviter d'exercer un pouvoir de sanction ou de contrôle ; le prestataire doit être libre de gérer comme il l'entend les modalités d'exécution de sa prestation (absence d'entretien d'évaluation, d'objectifs, de prestations obligatoires, pas de plannings…), ainsi que libre de fixer son emploi du temps et de déterminer son tarif horaire ; il ne peut pas y avoir de sanction même en cas de mauvaise exécution ; le prestataire doit aussi assurer l'exécution de son travail à l'aide de ses propres outils et non ceux de la plateforme ou des clients de cette dernière ; enfin, afin d'éviter tout lien de dépendance économique, la plateforme doit s'abstenir de soumettre le prestataire à une clause d'exclusivité ».*

Lire cette liste montre que de nombreuses plateformes sont loin d'en respecter toutes les conditions[1]. La startup française Click and Walk, dans laquelle la BPI a pris une participation, a fait l'objet en 2016 d'une enquête pour « travail dissimulé » envers les personnes pigistes qu'elle « recrutait » *via* la plateforme afin d'effectuer des tâches d'audit et de vérification pour compte de grands clients. Elle a dû adapter les contrats qui la liaient à ses partenaires opérateurs. Un système de notation par le client conditionne, par exemple, la sanction du travailleur-prestataire. Le prestataire ne peut pas choisir son client, ou très difficilement. Une tarification dynamique selon la rareté de l'offre et de la demande (par exemple, Uber avec ses prix majorés selon la rareté ou *surge pricing*) est une façon indirecte de piloter les zones et les périodes de travail des chauffeurs.

1. Les contrats que fait signer Uber à ses partenaires sont d'une prudence de loup dans la rédaction. *« Uber ne fournit pas de services de transport ou logistiques et (…) n'agit pas en qualité de transporteur et (…) l'ensemble desdits services de transport ou de services de logistique sont fournis par des prestataires tiers indépendants qui ne sont pas employés par Uber ou l'un ou l'autre de ses affiliés. » Cf.* rapport cité de l'IGAS.

La question dépasse le simple sujet du risque juridique au regard du droit du travail. C'est toute la compréhension de la chaîne de valeur qui est en jeu. Si le prestataire sur la plateforme est capable de s'emparer de la relation client, la plateforme est réduite à un rôle de logistique et de mise en contact initiale. Dans le cas inverse, il est un simple fournisseur comme un autre, éventuellement avec un statut de salarié, mis en concurrence avec d'autres prestataires et incapable de construire un fonds de commerce : toute la valeur est captée par la plateforme[1].

Il n'y a rien de très nouveau dans ce débat. On le rencontre, par exemple, dans les contrats de franchise, même si le numérique lui confère une tout autre dimension. Après tout, ce métier de plateforme, d'intermédiation ou de courtage existe depuis longtemps, et le droit s'y est déjà adapté. Cela a été le cas pour le travail temporaire, la franchise et même le métier de taxi, quand G7 fait travailler au choix un artisan ou un salarié. Il n'y a pas forcément à inventer une catégorie juridique supplémentaire entre salarié et prestataire indépendant. En revanche, le droit imposera probablement des facilités supplémentaires pour les prestataires à s'organiser sous forme d'associations de défense (c'est-à-dire de syndicats) avec les capacités afférentes. C'est tout le monde du travail collaboratif qui, sans nécessiter forcément des bouleversements dans le droit du travail, doit progressivement se stabiliser.

La plateforme elle-même, dans un retournement stratégique, peut avoir intérêt à offrir la partie « prestataire » de son service sous le statut de salarié. Ceci pourrait résulter du choix marketing d'une qualité accrue de l'offre ou d'une démarcation par rapport à la concurrence. On le voit aujourd'hui dans la distribution de détail où certaines chaînes répugnent aux contrats de franchise et préfèrent avoir des salariés en propre pour mieux contrôler la prestation. Le monde

1. Certaines sociétés, devenues partenaires d'Uber, recrutent quant à elles des salariés, qui rendent un service de taxis pour Uber, dans un lien économique qu'on pourrait juger proche du prêt de main-d'œuvre.

mutualiste a révolutionné, en son temps, la distribution de produits d'assurance en remplaçant les traditionnels agents par des salariés, un exemple qu'ont bien compris les réseaux bancaires[1].

Se pose aussi la question de la couverture sociale, privée mais obligatoire pour l'« employeur » aux États-Unis, publique auprès de la Sécurité sociale en France. L'Urssaf a introduit une plainte auprès d'Uber sur le motif que toute activité professionnelle donnant lieu à rémunération – qu'elle soit exercée sur plateforme ou non – oblige à s'affilier à un régime de sécurité sociale. Certains de ces prestataires, avec un statut d'auto-entrepreneur, sont affiliés à une caisse, mais beaucoup de plateformes moins importantes font travailler leurs indépendants sans veiller à ce qu'ils soient déclarés. Et même affilié, on a du mal à considérer ce travailleur comme on le fait d'un artisan cotisant au RSI. Difficile pour le premier d'inscrire son métier dans un temps long, de lever un emprunt, de déménager, de bénéficier d'une indemnisation liée à la perte d'activité en cas d'accident du travail, etc. En cas de rupture de contrat, il lui reste… son vélo. *Cf.* Émile Meunier (2017) sur ces points juridiques et les conséquences à en tirer.

À la veille de devoir évaluer une entreprise numérique, plus encore de la financer, la question du statut des travailleurs associés devient vitale.

Encadré 6 : Le numérique, l'innovation et la rente salariale

L'industrie pharmaceutique avait tracé la voie, il semble que la très rentable industrie high-tech la suive et aille même plus loin. Cela devient un élément important dans l'appréciation de la rentabilité de cette industrie.

Depuis une dizaine d'années, les labos pharmaceutiques dégarnissent leurs centres de recherche et préfèrent acheter les molécules auprès de jeunes sociétés qui font la recherche et qui supportent le risque de

1. Ceci pour dire qu'il n'est pas forcément nécessaire à la puissance publique de pousser au transfert vers le salariat de ces travailleurs collaboratifs, ni même de mettre en place un statut juridique spécifique. Le jeu nourri de la concurrence et une capacité à s'organiser des prestataires peuvent y arriver tout aussi bien.

l'échec. C'est une rupture forte avec leur modèle traditionnel, qui était bâti sur la concentration de grosses capacités de recherche, financé par les marchés ou par l'État, et appuyée sur une législation très restrictive en matière de droits de propriété. Désormais, les grands labos ont tendance à devenir des « traders de molécules », par l'acquisition de brevets et, plus encore, des sociétés startups qui les détiennent.

Les sociétés bien établies dans la high-tech de la Silicon Valley procèdent de la même façon. Peut-être là aussi pour des problèmes de rendements décroissants dans les activités de recherche et d'ingénierie. Pour reprendre la boutade du patron de Twitter, traduite librement : « Vous mettez ensemble 10 très bons informaticiens, c'est génial ; vous en mettez 100, ça commence à clocher ; vous en mettez 1 000, c'est cata ! »

Mais elles le font aussi à leur corps défendant : elles enregistrent une véritable carence de main-d'œuvre hautement qualifiée prête à travailler chez elles comme salarié, et même un mouvement d'hémorragie de leurs salariés les plus performants, une fois qu'ils ont fait leur apprentissage chez elles. Seraient-elles victimes à leur tour de la vague entrepreneuriale ?

Il y a pour l'essentiel ici un phénomène de captation de rente sur lequel l'évaluateur doit être attentif. En effet, certaines des industries high-tech, dont la pharma, se reposent fortement sur un capital intellectuel de brevets. Par définition, le système des brevets permet à l'entreprise de conserver la propriété intellectuelle du produit de la recherche, non seulement vis-à-vis de ses concurrents, mais de plus en plus vis-à-vis de ses propres salariés, qui restent des salariés, si brillants soient-ils et quel que soit le succès de l'innovation introduite. Ils ne peuvent revendiquer aucune part financière sur l'innovation, d'autant qu'il s'agit souvent d'une découverte collective et coopérative. On peut comparer ceci à la banque d'investissement, qui ne peut déposer de brevets sur ses innovations financières et qui est en conséquence davantage à la merci de ses salariés les plus productifs.

Mais ce n'est plus le cas si le salarié veut lui-même capter la propriété intellectuelle en se faisant entrepreneur. Le jeu se renverse.

D'où un mouvement complexe dans la Silicon Valley, forte de ses puissants moyens financiers. Il lui faut garder ses salariés avec des rémunérations très élevées et un fort intéressement au capital. Mais il lui est souvent nécessaire, notamment dans les secteurs « chauds » comme aujourd'hui la voiture autonome ou l'intelligence artificielle, de recruter ses salariés au travers des sociétés que ces derniers ont pu créer. C'est à la fois une obligation pour qui veut mettre la main sur un talent mais aussi une sécurité pour être sûr que la personne recrutée en soit un. En quelque sorte, le salarié touche un « *goodwill* », un pas-de-porte, avant même son embauche. On parle pour ces jeunes talents très spécifiques d'un montant moyen de 10 M$. Avec un mot forgé pour l'occasion, l'« acqui-embauche » *(acqui-hire)* [1].

Si le jackpot salarial était de travailler chez une banque d'investissement dans les années 1990 et 2000, la publicité en ligne, et au-delà toute l'économie numérique, l'est à présent.

Ne pas trop compter sur les incohérences du droit fiscal

La fiscalité a du mal à saisir la substance de la transaction dans le cas des plateformes, dans son double aspect de l'imposition de la plateforme elle-même et des revenus qu'en tirent les tiers à l'occasion de transactions. Cela renvoie à nouveau à une question concurrentielle. Par exemple, la tradition est de ne pas taxer l'autoproduction (les revenus en nature de son potager ! Mais aussi, plus discutable, le service de logement que se rend à lui-même le propriétaire de son immobilier). Celui qui loue son bien *via* une plateforme fait de l'autoproduction. À un certain niveau de revenu perçu, le fisc intervient, ne serait-ce qu'à la demande des concurrents qui s'indignent du traitement favorable en matière fiscale et réglementaire. Suite à une plainte contre Airbnb au Royaume-Uni de la part d'hôteliers classiques, le *Financial Times* (2 janvier 2017) a trouvé que l'avantage de prix d'une chambre type d'Airbnb provenait à hauteur d'un tiers d'une évasion de la fiscalité habituelle. La menace financière est lourde pour Airbnb, hors suites indemnitaires, celle de perdre 400 M$ de commissions de réservation.

Là encore, l'évaluateur doit peser la sensibilité du modèle économique étudié au statut fiscal propre de l'entreprise, et à celui de l'ensemble de ses contreparties, tant côté de l'offre que de la demande.

1. *Financial Times,* 24 mai 2017.

Le respect de la vie privée : une préoccupation croissante

On dit que la carte ADN d'un individu tient sur 750 Mo, une simple clé USB (Boston Consulting Group, 2015). Le croisement des données *via* le *big data* permet d'en savoir toujours plus sur les habitudes de consommation, mais au-delà, sur la vie privée des individus. Les réseaux sociaux apparaissent comme des lieux croissants d'échanges d'information, posant la question de la qualité de ces informations échangées (le phénomène « *fake news* »).

Le souci va croissant sur ces questions, la France, et plus généralement l'Europe, étant probablement le lieu où ce souci, en même temps qu'une raison de sécurité, est le plus prégnant. La législation y évolue, notamment avec la loi République numérique. Les plateformes devront expliquer clairement leur système de notation et de référencement.

Encadré 7 : La montée en importance de la notation et du *ranking*

La notation est en marche. Bien installée dans le monde de l'entreprise, avec des agents spécialisés qui notent la solidité financière, qui certifient les processus industriels et vérifient la conformité des produits, la voici dans le monde de la consommation : le restaurant ou l'hôtel sont notés désormais par leurs clients et, non plus simplement par des guides gastronomiques ou touristiques. Désormais : louez votre appartement *via* un site internet, vous êtes noté par le locataire ; soyez locataire à votre tour, vous êtes noté. Allez sur un site de voyage, toujours noté ; allez sur Leboncoin ou Amazon, vous êtes noté. Vous notez les films, les restaurants, les livres, les hôtels... mais on vous note tout autant.

Cela diffère de la notation classique, celle des marchés financiers, où un agent de confiance (une agence de notation) se pare de l'autorité de noter. Ici, la notation est croisée, faite par ses semblables, le *peer review*. Les élèves sont notés depuis longtemps, mais les profs le deviennent aussi dans l'enseignement supérieur. C'est vrai aussi dans les entreprises, où se répandent les exercices de notation par les subordonnés ou les pairs, parallèlement à l'appréciation par le responsable hiérarchique.

Le secteur bancaire est un secteur qui sera fortement secoué par ces techniques. Aux États-Unis, les banques disposent, depuis longtemps, des notes de crédit sur leurs clients ou prospects : notes négatives qui signalent un accident de crédit (ce qui existe en France), mais aussi notes dites positives, qui jugent de la capacité à honorer un crédit. Des clubs d'entreprises existent, qui partagent, secteur par secteur, l'information sur la qualité de paiement de leurs clients. Mais le *big data* porte le phénomène à une tout autre échelle. Paypal utilise les historiques de paiement sur eBay pour élaborer un score de solvabilité, semble-t-il, efficace (Andreessen, 2014). L'information informelle récoltée sur le net commence à être un complément d'analyse de risques pour les entreprises du Fintech. De la même façon, certains employeurs consultent la page Facebook du candidat pour y juger de la façon dont ses « amis » le « likent ».

Outre la question très réelle de la protection de la vie privée, cette évolution a des implications sur l'organisation de la vie sociale. Il n'y a rien de bien neuf dans le principe. Je te donne de l'information, tu m'en donnes et le rapport de confiance se bâtit ainsi, si l'on admet que la base de la confiance, c'est la prévisibilité de l'autre, davantage que son comportement plus ou moins moral. Les règles de politesse se sont progressivement construites sur ce terrain. Il y a un élément disciplinaire dans le processus : si je me conforme à une bonne attitude, l'autre m'en saura gré, et ma réputation, la confiance que j'inspire, en est accrue. L'équilibre collectif du jeu est un ensemble de comportements plus stabilisants économiquement et socialement.

La nouveauté vient de la généralisation du principe de notation croisée : le jugement sur la qualité des menus figurait déjà dans les guides de restaurants. Des réseaux sociaux et moteurs de recherche permettent désormais à la fois de consulter cette information à coût nul, et d'y contribuer. S'il était possible de biaiser le jugement de l'expert en restaurant, en vins, en solvabilité financière, s'agissant des agences de notation, on s'adresse cette fois à l'opinion.

D'où le dilemme classique, mais avec une acuité plus forte que jamais. D'un côté, le processus de notation collective est souvent mieux capable que l'expert d'apporter la bonne information ; et sachant qu'il est œuvre collective, plus disciplinant. De l'autre, la collectivité, c'est l'opinion publique qui est sujette plus souvent qu'à son tour à des émotions, des coups de chaleur, des rejets, des rumeurs... Le regard de l'autre est disciplinant. Une fois généralisé, il peut être mutilant. Je te note, tu me notes, il menotte.

Chapitre 3

L'évaluation des startups : la problématique des premiers tours

Essayer ses chaussures sur Internet

À voir le temps d'essayage dans les boutiques de chaussures et le nombre de boîtes essaimées dans le magasin avant que le client fasse son choix, il fallait un certain toupet pour penser vendre des chaussures par Internet. Mais cela avait marché aux États-Unis, avec une belle startup appelée Zappos. Et après tout, la VPC vendait déjà des chaussures sur catalogue. Il fallait donc tenter le coup en France, se dirent en 2005 trois jeunes associés, Francis Lelong, Yoann Le Berrigaud et Franck Zayan, qui disposaient déjà d'un passé d'entrepreneurs sur le net. La société Sarenza était née.

Ils apportaient 500 K€ de fonds personnels et, très vite, sont arrivés à lever 2 M€ de fonds auprès de Galileo et 4 M€ huit mois plus tard, dont encore 1 M€ de Galileo.

Qu'il soit sur Internet ou pas, le métier de commerce est tout dans le détail. *Retail is detail.* C'est peut-être ce qui manquait à cette première équipe de management. Assez vite, en 2007, les VC présents au capital décident de faire rentrer une autre équipe de managers, Stéphane Treppoz et Hélène Boulet-Supau. Une levée de fonds se déroule à cette occasion, de 3 M€.

La dynamique prend. Les apports en capital se poursuivent : 3 M€ à nouveau en 2009, dont 2 M€ apportés par les dirigeants qui cherchent à monter au capital et qui, de fait, prennent le plein contrôle de la société par rachat d'une partie des partenaires historiques en 2011 ; et une « méga-levée » de 74 M€ en 2014 auprès de quatre investisseurs, dont la BPI, qui valorise la société à près de 200 M€, l'équipe dirigeante arrivant à cette occasion à garder le contrôle.

200 M€, c'est aussi le montant des ventes atteint en 2015, avec une croissance de plus de 20 %. La société, numéro 1 en Europe, compte désormais plus de 400 salariés, est implantée dans la plupart des pays européens et a même lancé une marque propre, sans trop craindre de

heurter ses fournisseurs habituels, vu le poids commercial qu'elle a désormais acquis.

Le champ concurrentiel est encombré. À commencer par Amazon, qui a, dès 2009, racheté Zappos devenu le numéro 1 mondial. La transaction avait frappé : l'entreprise faisait 1 Md$ environ de vente et avait été achetée pour 1,2 fois les ventes. Cela donne déjà une première idée de la valeur de Sarenza. Rocket Internet, ce holding industriel détenant un portefeuille d'entreprises du numérique, déploie désormais Dafiti en France. Il s'agit du numéro 1 de la vente en ligne de chaussures en Amérique latine, dirigé par un Français. On verra donc très probablement des consolidations dans la « e-chaussure ». Déjà, les commerçants « en physique » ressentent cette concurrence, même si les grandes marques de chaussures ne souhaitent nullement, en laissant la vérité des prix s'installer, tuer leurs réseaux de vente en physique. Vivarte, le grand distributeur français, dépose son bilan en mai 2017 pour beaucoup de raisons, mais la concurrence d'Internet ne l'a certainement pas aidé.

Un Sarenza ne se distingue du commerce classique que dans son mode de distribution, par vente directe plutôt que par magasin. C'est la VPC moderne, avec l'avantage de sa profondeur de catalogue et de ses coûts de distribution allégés. On range Sarenza dans la catégorie des plateformes monoface : la distinction entre fournisseurs et clients y reste parfaitement claire, les questions de logistique identiques, comme l'est aussi le risque commercial sur le stock acheté. Le site n'est pas utilisé sous un mode multiface (mais Dafiti commence à le faire), comme il le serait s'il permettait à des tiers d'y poser leur « stand » pour vendre, sur leur propre risque, des chaussures ou d'autres produits.

On voit ainsi de façon intéressante se reproduire pour les ventes Internet la distinction classique dans le monde du commerce entre les généralistes (à la Amazon) et les commerces spécialisés, chacun avec leurs forces et faiblesses.

La belle trajectoire de Sarenza est très illustrative de la valorisation des startups du numérique. On retient ici, pour l'essentiel, la dynamique croisée entre valorisation et apport de fonds propres. Tout se fait par étapes, par petits montants au début, s'accroissant si le succès s'affirme. On y voit la posture de prudence des investisseurs sur le potentiel du projet, et donc un dimensionnement progressif du financement. La chronique des levées de fonds de Sarenza (2 M€ puis 4 M€, puis 3 M€ et encore 3 M€) n'est pas vraiment ascendante et témoigne que le franc succès a tardé à venir, peut-être aussi en raison du souhait des dirigeants de ne pas « se diluer » trop vite, un terme qu'il nous faudra expliquer. Comment donc se « produit » la valeur financière de ce type d'entreprise ?

Startup ou entreprise à maturité, deux mondes à distinguer

Ce sont deux mondes qu'il faut distinguer, avec la part de simplification qui va avec. Les entreprises naissantes, disons pour simplifier de 0 à 2 ou 3 ans d'âge – mais parfois plus si l'on considère Sarenza –, nécessitent une approche d'évaluation particulière, à l'écart des méthodes habituelles. Au-delà, les comparables de marché commencent à être présents, les plans d'affaires ont davantage de sens, de sorte que l'évaluateur peut recourir, avec précaution, à des méthodes et métriques plus classiques. Ce chapitre est consacré aux projets et entreprises dans leurs « premiers tours », c'est-à-dire aux stades initiaux de leur développement et de leur financement externe. On s'oblige ici à ne pas faire une distinction trop forte entre les startups du numérique et les autres, parce que toutes sont à cet égard à la même enseigne : fort potentiel de croissance, peu d'historique, fort risque « spécifique », etc.

De telles entreprises, il y en a beaucoup. Un rapport fait pour la Commission européenne par Jean-Paul Simon (2016) donne un chiffre de 60 000 startups numériques de par le monde qui ont été financées sur la décennie passée, soit 6 000 par an en moyenne et 10 000 sur les dernières années.

La plupart de ces startups ont été financées par le *venture capital,* cette partie du *private equity* qui se focalise sur la création d'entreprises et les premiers stades de leur financement. On verra au chapitre 5 que les grandes entreprises jouent un rôle croissant dans ce domaine, souvent en installant en leur sein un incubateur interne. Les personnes physiques y interviennent aussi : *business angels* et *family office.* À un stade plus primitif encore de la vie de l'entreprise, c'est souvent les proches et la famille (*friends and family* ou *love money* dans le jargon) qui aident les fondateurs à démarrer leur projet. Cet ensemble est désigné, à juste raison, comme l'écosystème de la création d'entreprise, un terme qui vaut particulièrement pour les projets numériques.

Il faut venir d'emblée sur le cadencement très particulier du financement et de la valorisation d'une startup innovante. Quand on investit dans l'économie « classique », disposant d'une technologie ou d'un marché donné – prenons l'exemple d'une nouvelle usine de pâte à papier ou du nouveau magasin d'une chaîne de distribution installée –, on commence par dimensionner le projet. En une fois le plus souvent, on détermine la nature et le montant total du financement. S'il y a des dépassements dans le budget, ils sont attribuables en général à une mauvaise exécution ou à une erreur de dimensionnement. Point de cela pour les startups du numérique, en raison de l'inconnu sur le succès du projet, sur son potentiel de croissance, sur la concurrence, etc. C'est donc par étapes, par essais et erreurs, par tâtonnements que procède la startup, plus ou moins importants selon qu'elle innove radicalement ou se contente de copier ou d'appliquer dans un contexte différent un projet déjà installé. Le financement vient donc au fil du développement du projet, dans un lien bilatéral : un financement supplémentaire sera le signe de la capacité du projet à franchir une étape ; en retour, ce financement permettra au projet de franchir cette étape. Les deux sont au coude à coude. Voici une autre dimension de la loi du *« winner takes most ».*

Il faut donc un mode de financement très particulier, réactif et en symbiose avec ce monde de l'innovation : c'est le rôle des VC. Et c'est le miracle de la Silicon Valley et de quelques autres endroits au monde d'avoir trouvé à ce jour le bon réglage entre financement et innovation, entre universités, grandes entreprises, VC, *business angels* et innovateurs, et forts de cela, d'avoir bâti progressivement une véritable industrie du financement.

Car la domination des États-Unis est incontestée. Le tableau ci-après, tiré du rapport annuel que fait EY (2016) à ce propos, l'illustre abondamment, en prenant garde toutefois que le terme de *« venture capital »* employé recouvre des réalités différentes selon les pays[1].

Tableau 1 : Investissements en *Venture Capital* (VC) selon la région

	2013	2014	2015
Investissements VC (Md$)			
États-Unis	36	58	72
Europe	9	11	14
Chine	5	17	49
Transaction moyenne (M$)			
États-Unis	4	5	6
Europe	1,8	2,5	2,5
Chine	4	5	8

Source : EY, « Back to reality EY global venture capital trends 2015 », 2016.

1. La dimension du marché chinois et la taille moyenne des transactions prêtent au doute. Les projets d'investissement d'une économie qui croît autour de 6 % sont toujours importants, et comprennent toujours, à côté de traits d'innovation, des composantes de pure croissance par réplication de technologies existantes.

On y note la croissance très rapide du total financé sur les trois années couvertes par l'enquête, ainsi que le rattrapage très rapide de la Chine, qui dépasse désormais largement l'Europe entière. La taille de la transaction moyenne, en gros dans une proportion de 1 à 2,5 entre l'Europe et les États-Unis, doit être notée : on la retrouvera à tous les échelons du financement, de la pure création jusqu'au financement par la Bourse. Si les startups du numérique valent plus cher aux États-Unis qu'en Europe, c'est bien sûr parce que le marché de démarrage est plus vaste, mais aussi parce que le financement initial y est beaucoup plus important, un élément clé sachant cette symbiose entre montant du financement et valeur de la startup.

La taille du secteur français du *venture capital* reste problématique et le contraste est marquant avec les États-Unis. Comme l'indique Filloux (2015), l'écosystème des VC en France est 50 fois plus petit que celui des États-Unis, alors que son PIB n'est que 6 fois plus petit. Mais les chiffres des deux dernières années sont encourageants, montrant un retour des investissements de l'ensemble du capital-investissement – et non du seul *venture capital,* mais c'est l'élément fort de la croissance – à son niveau de 2007. Quant aux levées de fonds, elles sont à 15 Md€ en 2016, un record absolu, même si cela concerne l'ensemble du *private equity.*

La faible présence de ces nouveaux acteurs du numérique en Europe, et en France en particulier, n'est pas nécessairement le signe que la numérisation de l'économie y est très en retard. McKinsey Global Institute (2016a) calcule un indice pays par pays indiquant le potentiel restant en matière de numérisation. La marge est très haute, mais si les États-Unis ont un indice à 18 %, les six plus grands pays d'Europe sont à 12 %, la France étant dans la moyenne, derrière le Royaume-Uni et les Pays-Bas, mais devant l'Allemagne.

Graphique 2 : Montant des investissements en capital-investissement, France, 2009-2016

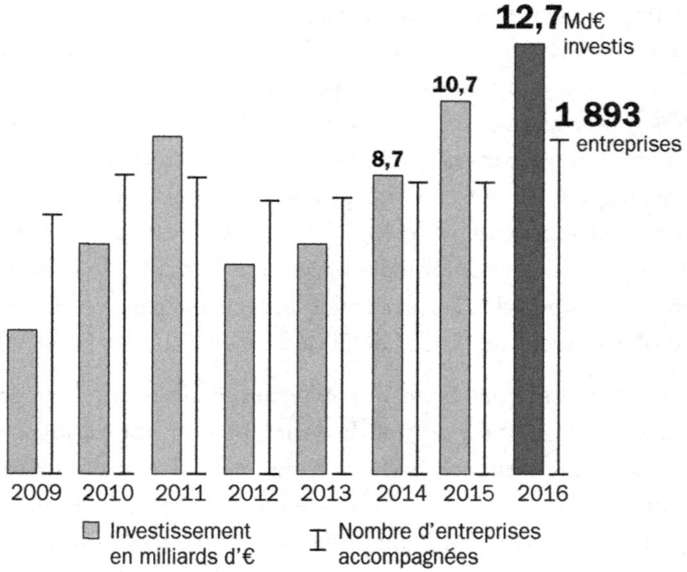

Sources : AFIC.

L'ALPHABET DES TOURS : LE FINANCEMENT DES STARTUPS

Devant ce qui est désormais un processus de financement très industrialisé, il s'agissait de codifier ces étapes de succès. Voici les catégories qui sont désormais d'un usage courant :

- l'amorçage ou *seed money,* où le projet est soutenu par les proches, les amis et la famille, parfois par un prêt d'honneur ;
- le *tour A,* qui peut concerner à nouveau des proches, mais où intervient souvent un financement externe, les *business angels* ;
- le *tour B,* où commencent à intervenir activement les VC ;
- et au-delà, les *tours C, D,* etc.

Cette nomenclature ne désigne pas des bornes précises en matière de maturité du projet, d'argent levé ou d'évaluation, mais plutôt des étapes de financement. Si une entreprise en est à son *tour C,* c'est qu'elle en a déjà deux derrière elle. Toutefois, les tailles de financement sont souvent à peu près les mêmes : l'étape *seed money,* encore appelé *love money,* concerne des projets qui en sont encore à élaborer le concept. Il n'y a parfois même pas de société créée. On attend des fondateurs qu'ils testent ce concept *(proof of concept)* et en assurent la logistique (ébauche du socle logiciel, notamment). Les fonds levés sont là pour assurer ces premières dépenses. S'agissant de la France, il est rare qu'au stade du *seed,* les fonds collectés dépassent 300 K€. Ils sont le plus souvent de l'ordre de 50 K€.

Le *tour A* fait venir des financiers externes, *business angels* et parfois des fonds de VC, et c'est un test de vérité. Le concept est jugé valide – bien qu'il puisse encore évoluer, voire être chamboulé. La société est constituée. Il s'agit de monter une équipe, de réaliser les premières ventes, de vérifier la viabilité du projet, d'investir dans l'informatique, etc. Mais il y a encore peu de preuves que le modèle économique soit valide. Les sites de services personnels entre particuliers ou entreprises – une version moderne de l'intérim – sont exactement à ce stade de développement : le concept a un sens, le chiffre d'affaires est là, les concurrents abondent, mais il reste à démontrer que le modèle est robuste au regard du statut juridique des *jobbers,* ces auto-entrepreneurs qui rendent le service. « Le *tour A,* c'est la vallée de la mort », comme le dit un *business angel* actif dans ce créneau.

En France, les fonds levés à ce stade sont de l'ordre de 0,5 à 1,5 M€ pour le projet, parfois plus dans certains cas. On en compterait environ 400 par an, selon l'estimation d'Avolta Partners (2016). Les fondateurs de Sarenza, déjà entrepreneurs expérimentés et disposant de leurs propres ressources, ont, avec leurs 500 K€ de premier apport, joué le rôle de *business angels* pour compte propre.

Le *tour B* atteste d'une première réussite du projet. Les revenus progressent, avec une bonne *traction* mensuelle, l'équipe est constituée, le modèle économique est éprouvé. Il s'agit de déployer l'activité et de prendre au plus vite des parts de marché. Les premières acquisitions peuvent avoir lieu, en général par fusion entre deux projets concurrents pour rétablir la rentabilité. Si, d'ailleurs, la mortalité reste forte à cette étape, elle recouvre souvent des rapprochements plus qu'un échec avéré. On compterait en France de l'ordre de 40 *tours B* par an, pour des montants de capital levé de l'ordre de 1 à 2 M€. Les montants de fonds levés sont bien supérieurs aux États-Unis, toujours dans la proportion de 1 à 2,5 constatée sur le tableau précédent. Cet écart de prix et de besoin de fonds commence d'ailleurs à attirer en Europe les grands VC américains.

Les *tours C, D, E,* etc. ne sont que la progression dans le déploiement de l'entreprise. On parlera souvent de *tours A', B',* etc., en cas de levée de capital aux mêmes conditions que le dernier tour réalisé, ce qui a été le cas de Sarenza. Elle a fait du *A'*, du *A"* et même du *A'''* avant de décoller.

Mais certains projets sautent les étapes : Sarenza, on l'a vu, a sauté l'étape *seed,* Instagram s'est bâti en trois ans ; WhatsApp, Yelp, BlaBlaCar à peine davantage. Snapchat a démarré en 2011 et vient de faire son entrée en Bourse.

LE *PRE-MONEY*, LE *POST-MONEY* ET LE MÉCANISME DE LA DILUTION

On présente sur un exemple simple comment se réalise chacun des tours de levée de fonds, parce que c'est cette mécanique qui commande la valeur. Ici, la société est déjà créée et souhaite faire son *tour A*. Les fondateurs (et leurs amis) ne sont pas disposés à investir davantage de leurs fonds dans l'entreprise. Ils cherchent un financement externe. Les *business angels* et les premiers VC jugent de la viabilité du concept et de la qualité de l'équipe. Il n'y a pas forcément un plan d'affaires développé, parfois guère plus qu'un PowerPoint, mais des convictions fortes chez les fondateurs. Le montant que l'investisseur (n° 1) décide d'investir dans le projet est de 360 K€ et, pour cela, la négociation conduit à lui accorder 40 % du capital. Cela signifie donc une valorisation de la société à 100 %, y compris le nouvel investisseur, de 900 K€ (360 ÷ 0,4). Si l'on convient de fixer la valeur de la part – de l'action le plus souvent, s'agissant d'une société anonyme – à 50 €, les fonds nouveaux (le *new money*) sont donc levés par l'émission de 7 200 actions au prix de 50 €. Par voie de conséquence, les fondateurs et proches, soit 60 % du capital, disposent de 10 800 actions.

Tableau 2

Tour A	Prix de l'action =		50 €
	Nombre d'actions	Valeur en K€	Part au capital
Fondateurs	10 800	540 K€	60 %
Investisseur 1	7 200	360 K€	40 %
Total Fondateurs + inv. 1	18 000	900 K€	100 %
Investisseur 2	-	-	-
Valeur *post-money*	18 000	900 K€	100 %
Valeur *pre-money*		540 K€	

La terminologie est importante. On parlera de valeur *post-money* pour qualifier la valeur de l'entreprise, y compris l'augmentation de capital, soit 900 K€. La valeur *pre-money* s'en déduit : elle est de 900 K€ moins les fonds levés, c'est-à-dire 540 K€. C'est bien la valeur *pre-money* qui se déduit de la valeur, une fois les fonds levés, et non l'inverse. En effet, le projet sans la levée de fonds a une valeur en quelque sorte abstraite. C'est en levant des fonds que l'entreprise atteste de sa valeur. Cela diffère, dans sa logique, de l'augmentation de capital d'une entreprise au fonds de commerce établi : on connaît et mesure sa valeur d'entreprise – d'autant plus si elle est cotée en Bourse et fait l'objet de cotations régulières –, et donc la valeur unitaire de l'action, et c'est sur cette base que se fait l'augmentation de capital.

Au *tour B* qui suit, l'entreprise a stabilisé son concept, son personnel dirigeant est en place, elle est capable de faire un plan d'affaires, c'est-à-dire une projection sur quelques années de scénarios possibles de développement et elle commence à réaliser des ventes régulières. Comme l'étape suivante de son développement exige des fonds nouveaux, elle ouvre à nouveau son capital à des investisseurs de *tour B*.

Le tour précédent avait été conclu sur une valeur *post-money* de 900 K€. Ici, nouvelle négociation, qui conduit (dans notre exemple) à lever 2,4 M€ en donnant à nouveau 40 % du capital de la société *post-money* au nouvel investisseur. Le calcul est le même que précédemment. On commence à mesurer la valeur *post-money* à partir de la levée de fonds et du pourcentage qu'elle permet d'avoir dans la société. Dans notre exemple, elle est de 6 M€, soit 2,4 ÷ 0,4, pour 100 % du capital. Cela se concrétise par l'émission de 12 000 actions nouvelles au prix de 200 € chacune.

Tableau 3

Tour B	Prix de l'action =		200 €
	Nombre d'actions	Valeur	Part au capital
Fondateurs	10 800	2 160 K€	36 %
Investisseur 1	7 200	1 440 K€	24 %
Total Fondateurs + inv. 1	18 000	3 600 K€	60 %
Investisseur 2	12 000	2 400 K€	40 %
Valeur *post-money*	30 000	6 000 K€	100 %
Valeur *pre-money*		3 600 K€	

La valeur *pre-money* en découle : soit 3,6 M€ au lieu de 900 K€. Les actionnaires précédents ont un patrimoine qui vaut 4 fois la mise du tour précédent. Il va de soi que l'investisseur 1 peut souhaiter participer au *tour B* ; de même, il est très rare à ce stade que cet investisseur – qui enregistre une plus-value de 1 080 K€ (1 440 – 360) – et plus encore les fondateurs, profitent de cette nouvelle levée de fonds pour réaliser en cash une partie de leur capital.

Au terme de ce second tour, les fondateurs voient leur part du capital réduite de 60 à 36 %. Ils ont été « dilués » dans le capital, ce qui ne veut pas dire qu'ils ont perdu patrimonialement. Ils détenaient zéro ou presque au départ du projet, 540 K€ lors du *tour A,* et 2,16 M€ lors du *tour B.* De la même manière, leurs droits politiques, à supposer que les actions émises soient des actions ordinaires matérialisées par des droits de vote à l'assemblée générale, sont passés de 60 à 36 % du capital. On verra au chapitre suivant qu'il en va autrement pour les sociétés établies : la dilution prend un autre sens et est associée à un risque de perte patrimoniale. On verra aussi que les participants à chacun des tours ont les moyens de disposer de droits de vote différents en proportion des droits économiques.

Ceci n'est qu'un exemple. Il y a des trajectoires plus rapides, et des cas où les fondateurs conservent une part bien plus importante du capital de leur société lors du *tour B,* ou même des tours suivants. C'est le cas typique des projets dont les besoins d'investissement, souvent à nature plus commerciale que technologique, restent modiques. Au moment de la mise en bourse de Snap, les deux fondateurs, Evan Spiegel et Robert Murphy, gardaient encore à tous les deux 43,6 % du capital de la société et, avec le reste du management, 57,9 %. Ils gardaient même la quasi-intégralité des droits de vote et la conservent encore suite à l'introduction en Bourse (encadré 18 au chapitre 4). Mais la trajectoire a été fulgurante : 1 million d'utilisateurs en 2013, 150 millions en 2016, sans que la société dépense beaucoup pour la conquête de ces usagers, si ce n'est la location des espaces serveurs. De la sorte, ils ont pu lever, jusqu'à date de la mise en Bourse, un montant de

2,7 Md$ de capital auprès de VC, un montant essentiellement investi en conquête commerciale, non pas des usagers, qui viennent tout seuls, mais des clients annonceurs pour rentabiliser leur audience.

Un autre exemple, plus spectaculaire encore, a été la mise en Bourse de King Digital Entertainment, cette entreprise irlandaise qui a créé le jeu très addictif *Candy Crush.* Cela s'est fait en mars 2014, après seulement deux ans d'existence sous son nouveau modèle de jeu sur mobile, à un moment où l'entreprise dégageait un chiffre d'affaires de 1,8 Md$ et un EBITDA de 824 M$. Pourtant, le capital levé à fin 2013 n'avait été que de 65 M$ et le montant d'investissement pour 2013 se limitait à 8 M$. Sur cette base, les fondateurs avaient évidemment pu garder une grande part du capital, même si la mise en Bourse s'est faite sur une valeur de 7 Md$, au prix de 22,5 $ l'action[1].

La logique de l'évaluation aux premiers stades : la « convention »

Au risque de décevoir l'expert en évaluation, il n'y a pas, à proprement parler, d'exercice d'évaluation des actions d'une entreprise numérique à ses tout premiers stades de développement, du moins par les deux techniques dominantes : la méthode des comparables, et la méthode, dite DCF, des flux de trésorerie actualisés. Ce n'est pas que l'évaluation soit sans règles ni sans prémices de méthodes formalisées. Mais pour l'essentiel, l'évaluation est du domaine de la convention. Il faut expliquer.

Cette convention repose sur un nombre très réduit de règles, assez flexibles, qu'on ramène à trois :

1. L'action vaut encore 18 $ à juin 2017, soit une capitalisation de 5,7 Md$.

1. Pour les *tours A* et *B,* le *new money* est de l'ordre de grandeur des levées enregistrées sur des entreprises comparables, par exemple 500 K€ à 1,2 M€ pour le *tour A*.
2. Pour cette somme, la part au capital est en général comprise entre 20 et 40 %, la négociation se faisant dans des bornes étroites autour de ce couple montant/part au capital. Il en ressort une règle, informelle et non écrite, qui vaut aux premiers tours de financement d'une startup et qui s'énonce ainsi : « Deux tiers de *pre-money,* un tiers de *new money*. » L'entreprise cherche à lever 1 M€ ; elle fixera une valeur *post-money* de 3 M€, de sorte que les actionnaires en place, dont les fondateurs, auront les deux tiers du capital, et le *new money* un tiers.
3. Dans le cas du *tour B,* il convient souvent de raccrocher cette valeur à un multiple de chiffre d'affaires. Pour cela, les VC connaissent les transactions récentes faites sur la place et se servent de cet ordre de grandeur.

Sauf exception, il ne sert à rien de s'écarter de la convention (c'est pour cela qu'on l'appelle « convention » !). La transaction se fait à ce niveau ou, tout simplement, ne se fait pas. L'investisseur cherche à se bâtir une conviction sur la solidité du projet – en comparant, si possible, à des projets similaires –, sur la qualité de l'équipe, sur les montants d'investissement requis, avant d'en arriver à la levée de fonds suivante et décide d'y aller ou pas. Le choix est binaire. On ne compense pas par un prix de 10 % plus bas un projet qui n'inspire pas confiance.

Il est important pour cela qu'il y ait une communauté assez étroite de VC, qui jouent solidairement, échangent des informations et diversifient leurs placements[1]. Il y a ici un élément de collusion qui peut se

1. Sur beaucoup de cibles différentes, mais gardant toutes, par cohérence financière et parce que c'est le créneau d'expertise du fond, le même degré de risque financier. Pour le dire simplement, un VC ne diversifiera pas son risque dans une startup en achetant des emprunts d'État, mais en achetant beaucoup de startups, ou parts de startup, dans la même classe de risque.

faire au détriment des entrepreneurs du secteur, notamment en poussant les prix vers le bas, mais en sens inverse, cette porosité de l'information parmi les investisseurs est un facteur qui réduit le risque pour eux, établit des conventions commodes et au total augmente l'offre de fonds.

Il faut noter que beaucoup d'activités économiques fonctionnent sur le principe de la convention (encadré 8), notamment pour une question de coût : il est coûteux et assez vain, au final, de mener des investigations à l'infini pour affiner un prix, quand il s'agit, à ces premiers stades, de montants d'investissement assez légers et que d'autres techniques permettent, comme on va le voir, de limiter le risque d'un investissement à prix déraisonnable.

Encadré 8 : L'évaluation conventionnelle : une pratique omniprésente

La logique : si on adhère au projet, on met de l'argent ; sinon, rien. Ce n'est pas le prix de l'action qui permet d'arriver à l'équilibre. C'est le cas pour l'évaluation des fonds de commerce pour les magasins de centre-ville ou d'artisans. Il y a plus à perdre à fouiller la valeur qu'à acheter trop cher un business qui ne vaut pas l'argent qu'on y met.

Mais aussi, le crédit bancaire. Il n'est pas (du moins jusqu'à une date récente) « arbitré » par les prix (le taux d'intérêt) : le banquier y va ou n'y va pas, mais la valeur de crédit (son risque) n'est pas reflétée par le taux d'intérêt. À vrai dire, s'il montait trop son prix, il risquerait de chasser les bons risques, qui trouveraient le financement trop cher, et de ne sélectionner que les mauvais, qui considèrent, malgré les taux élevés, qu'ils y gagnent encore (on use ici du terme d'anti-sélection, courant chez les assureurs).

C'est l'occasion de rappeler le principe de mutualisation, qui donne sa validité à l'évaluation par la convention : on peut se tromper sur un ou plusieurs cas, l'essentiel est de ne pas se tromper en moyenne. La structuration en « fonds d'investissement », qui rassemblent des capitaux, si possible bien diversifiés sur des cibles différentes, permet d'économiser sur la recherche de la « bonne valeur ». C'est pour cela que les tours de financement des startups se font souvent en syndication, pour limiter la mise unitaire[1].

Cela aide aussi à expliquer pourquoi les grands groupes restaient frileux jusqu'à récemment dans leurs projets numériques innovants. D'une part, ils ont du mal à être investisseurs minoritaires aux côtés de VC, parce qu'ils ont un mobile stratégique derrière leur investissement (*cf.* chapitre 5). Ils sont donc plutôt tentés de prendre une part majoritaire du capital, directement avec le management. D'autre part, ils sont paradoxalement beaucoup plus sensibles au risque : et si ça ratait ? Ne dénoncerait-on pas en interne la danseuse du patron ?

C'est la queue qui remue le chien !

D'autant qu'il faut se rappeler que c'est le montant d'investissement qui commande la valeur, plutôt que l'inverse. Les capital-risqueurs ou VC ont souvent ce mot pour décrire le processus : c'est la queue qui remue le chien et pas le contraire.

Car l'investisseur analyse avec le management la trajectoire future du projet et en déduit les fonds requis pour l'investissement. Cette analyse est un jeu stratégique, on l'a vu, en raison du facteur *« winner takes most »* lié aux rendements croissants. Si l'opportunité se présente et si le management est jugé à la hauteur de cette ambition, il est tentant de « tuer le match » en faisant d'emblée un investissement très important pour dissuader les projets similaires de persévérer, les forçant à jeter l'éponge ou à se vendre au projet gagnant. Les fonds levés donnent la crédibilité et donc la valeur au projet. Ils accroissent

1. Avec toujours un dilemme à ce sujet. Un trop grand nombre d'investisseurs au capital diluent les responsabilités ; un investisseur unique diversifie mal le risque mais permet, ou oblige à, une bonne surveillance. Edgar Bronfman Junior avait apporté en 2000 la société Universal qu'il possédait contre des actions Vivendi, lors de la fusion Vivendi-Universal. Ayant perdu 2 Md$ dans l'affaire et contesté devant un tribunal la gestion qu'en avait faite Jean-Marie Messier, président alors de Vivendi, il disait : « Quand on met tous ses œufs dans le même panier, on a intérêt à surveiller le panier. »

la valeur à double titre, par leur simple apport et parce qu'ils augmentent les chances de réussite.

Cette logique est bien analysée par Olivier Ezratty (2015), qui tient un blog très visité sur l'économie numérique. Il écrit – dans un contexte américain, donc avec des chiffres élevés : « *La stratégie des investisseurs (...) dans les startups qui ont levé plus de 200 M$ ces dernières années est assez facile à décoder : elle consiste à faire des paris sur les leaders de segments émergents et de les saturer en moyens financiers pour créer le plus rapidement possible des monopoles de fait et asphyxier les concurrents.* »

Enfin, il n'est pas inutile de gagner cette crédibilité par d'autres moyens. Sur la place de Paris, un milieu encore étroit pour le *venture capital*, faire venir à son tour de table un Xavier Niel (Free), un Jacques-Antoine Granjon (vente-privée) ou un Marc Simoncini (Meetic)[1] est un gage de qualité, sachant la réputation de ces investisseurs, propre à attirer des investisseurs tiers qui font ainsi l'économie d'une analyse en propre très fouillée.

Si on suit cette logique, où le financement fait la valeur plus que l'inverse, l'abondance des capitaux déversés en 2017 dans les entreprises du numérique au stade de startup accroît indubitablement le risque d'une valorisation excessive. Certains observateurs notent cependant qu'à ce jour, le risque porte moins sur des excès de prix que sur une sélectivité insuffisante, les projets de moins bonne qualité ayant tendance à survivre trop longtemps en raison d'une plus grande facilité à se financer. Le mécanisme darwinien de sélection des projets gagnants risque de s'enrayer[2].

1. Ou, mieux, les trois ensemble, comme cela a été le cas pour l'entreprise Devialet (*cf.* chapitre 1) en 2015.
2. *Cf.* Jacques Benkoski, « J'alerte l'écosystème français sur les dangers d'une croissance à tout-va », *Les Échos* du 26 juin 2017.

Encadré 9 : Le très faible rôle des banques dans le financement des startups. Pourquoi ?[1]

Un beau jour de 1956, un jeune homme, tout efflanqué, arrive en mobylette à l'agence bancaire de la Société Générale de Beauvais. Avec une idée d'investissement dans les panneaux d'affichage. L'outil de production ? Sa mobylette ! C'est maigre comme gage pour recevoir un prêt ! Il a moins de 21 ans (l'âge de la majorité à l'époque), là encore un bon prétexte pour lui refuser un prêt. Qu'à cela ne tienne, il se fait émanciper par ses parents. Décidé et clair dans son projet, et avec le toupet qui convient à un créateur d'entreprise, il persiste à demander à l'austère patron d'agence en face de lui fournir un appui pour démarrer son entreprise.

L'austère banquier y a cru. Le prêt a été accordé. Le nom du jeune homme, et de son entreprise : Jean-Claude Decaux.

Gérard Pélisson et Paul Dubrule, les fondateurs d'Accor, peuvent raconter une histoire similaire. De même, s'il vivait encore, Joseph Szydlowski, un ingénieur polonais de génie chassé par les nazis. Il arrive à Paris en 1938 sans argent. Aidé par un responsable d'agence bancaire, il fonde la même année Turboméca dans la construction aérienne.

Dans les trois cas, les banquiers en question – de la Société Générale, mais les cas abondent dans d'autres banques – avaient la conviction que leur métier consiste encore et toujours à prendre des risques ; des risques raisonnés et calculés, certes, mais des risques quand même, y compris dans la création d'entreprise.

Qu'en est-il aujourd'hui ? Disons-le, la chance d'un nouveau Jean-Claude Decaux d'obtenir quoi que ce soit de sa banque est proche du zéro absolu. Et la décision ne relèverait d'ailleurs plus du patron de l'agence, mais serait centralisée à Paris.

On invoque une raison financière à cela : les startups sont des entreprises à très haut risque, et ce sont plutôt les fonds propres que les dettes qui sont l'instrument adapté à leur financement. C'est vrai. Mais après tout, le micro-crédit qu'on voit se développer dans les pays émergents, et même en France avec l'ADIE, repose sur du « crédit », beaucoup plus facile à mettre en place juridiquement que des participations en capital. Les débuts de la banque de crédit en France au XIXe siècle, et surtout en Allemagne avec les Deutsche, Dresdner et Commerzbank, se sont faits sur des prises de participation autant que sur des prêts. On se doute

1. Repris de F. Meunier (2017).

bien aussi que la reconstruction de la France d'après-guerre, quand la production industrielle galopait au taux asiatique de 6 % par an, n'a pu se faire que par création de nombreuses startups. Certains de leurs noms figurent dans le CAC40 d'aujourd'hui. Et pourtant, il n'y avait alors que les banques, bien proprement nommées banques universelles, pour de tels financements. Si la banque a un portefeuille très diversifié, elle arrive à contenir son risque dans des limites raisonnables. Et puis, un Jean-Claude Decaux reste fidèle à mort au banquier qui lui a permis de démarrer.

Les deux raisons véritables sont plutôt d'ordre structurel. La régulation impose aux banques – et à juste titre – davantage de fonds propres si elles investissent en fonds propres, ceci dans un contexte où les marchés financiers sont réticents à leur accorder ces fonds propres et recherchent pour elles l'effet de levier maximum. Il y a probablement là une mauvaise allocation du risque au niveau macroéconomique. La seconde raison est plus positive. Il s'agit de l'émergence, depuis une trentaine d'années aux États-Unis, d'acteurs puissants dans l'investissement en fonds propres, avec le *venture capital*, disposant d'un débouché beaucoup plus facile sur les marchés financiers. Cela rend moins nécessaire l'appui des banques.

C'est à ce titre que l'Europe est mal placée par rapport aux États-Unis : les banques y ont un poids environ deux fois plus important dans le financement de l'économie et l'épargne privée s'investit beaucoup moins sur les marchés financiers. Tout cela a une inertie importante, de sorte qu'il est moins aisé de voir se développer en Europe une industrie financière puissante du financement des startups. D'où, dans notre France à forte tradition administrative, c'est l'État qui prend le relais : BPI France est devenu un acteur important du *venture capital* ; la Caisse des dépôts l'est aussi, et le président Macron annonce la création d'un fonds de 10 Md€ lors du dernier Viva Tech à Paris.

La place à réserver au management

Il est rare, dans les levées de fonds initiales, qu'on ne laisse pas la majorité du capital au management, qui est souvent constitué par les fondateurs. À la fois à titre incitatif et parce que les VC investisseurs ne souhaitent pas forcément être à ce stade en position de management de fait de la société, ne serait-ce que pour éviter la gestion difficile d'une faillite. D'où la proportion un tiers VC/deux tiers management et proches dont on a parlé, qui est de l'ordre de la convention, plus ou moins selon le coût du développement du projet et la position de force du management.

Ceci ne vaut que pour le premier tour. Dès le tour suivant, des VC sont au capital, et défendent évidemment leur position, largement solidaire cette fois-ci de celle du management, en cherchant à réduire au maximum leur dilution. Mais la règle « deux tiers de *pre-money*, un tiers de *new money* » continue bien souvent à prévaloir, en raison de sa commodité.

Un problème naît lorsque le projet dérape par rapport à son plan de route et que la valorisation de l'entreprise est nettement inférieure à celle du tour précédent. Il faut une nouvelle augmentation de capital, mais à un prix qui sera nécessairement inférieur, fortement dilutif pour les actionnaires en place, dont le management, selon un terme qu'on expliquera mieux au chapitre 4. On appelle cela un *down-round,* un « tour à la baisse ».

Encadré 10 : Négocier la part des fondateurs dans le capital. Un rapport de force à bâtir (*)

Prenons l'exemple d'un projet novateur porté par un management, qui coûte un montant de 100 et qui rapporte en valeur actuelle 214. La valeur du projet est de 114, somme des flux d'exploitation et d'investissement. Le management cherche un investisseur pour apporter les 100 de capitaux de départ. Quelle part au capital aura cet investisseur ? Trois cas sont possibles :

1- Si le management a le contrôle total sur le projet – soit qu'il détienne un brevet, soit que le projet ne soit pas réplicable par un tiers sans son appui –, et si, de plus, il y a pleine concurrence sur le marché du capital (par abondance des VC et par une bonne mise en concurrence de ceux-ci), l'investisseur aura droit à 100/214 = 47 % du capital (la valeur *post-money* est 214, dont 100 en provenance du VC).

2- Si, en revanche, le projet est réplicable et non protégé et que l'accès aux fonds est rare, les initiateurs ne peuvent valoriser une quelconque position de monopole sur le projet et les investisseurs pourront aller jusqu'à 100 % du capital.

3- Si l'initiateur a le monopole sur son affaire et l'investisseur sur les fonds, on est dans le cas que les économistes appellent le « monopole bilatéral » et le montant de dilution est affaire de pur marchandage.

La réalité pour les très jeunes startups n'est pas aussi extrême, on l'a vu, mais se rapproche le plus souvent du troisième cas. Il y a bien sûr négociation, mais pour s'épargner le temps d'un marchandage trop long, la part au capital du VC est autour du tiers, conventionnellement. Certains projets, encore une fois, échappent à cette règle. Comme on va le voir, le gros de la négociation porte sur les clauses contractuelles qui vont lier les actionnaires.

(*) développé à partir d'un commentaire de *La Lettre Vernimmen* (2017, n° 147).

Les fondateurs et les investisseurs présents voient une partie de leurs rêves s'envoler. Mais les investisseurs ont les moyens de jouer le retour à la normale de l'affaire, sa « résurrection », en suivant l'augmentation de capital. Les fondateurs, qui ne disposent d'aucun moyen financier, non. C'est ce que montre très bien le film *The Social Network* (2010) de David Fincher, qui retrace les débuts de Facebook. Les tensions entre les deux fondateurs s'aiguisent et l'un d'entre eux est évincé.

Illustrons le cas à partir du *tour B,* vu plus haut. L'action ne vaut plus 200 € comme précédemment, mais malheureusement 25 €, ce qui valorise la société à 750 K€ au lieu de 6 M€. Pour la relancer, il faut injecter 2 M€, avec de bons espoirs de rebond. Les investisseurs 1 et 2 du tour précédent sont obligés de « remettre au pot », s'ils ne veulent pas être dilués à 17 % du capital. Le management, qui ne peut pas suivre, se trouve dilué à 10 %.

Tableau 4

Tour « down-round »	Prix de l'action =		25 €
	Nombre d'actions	Valeur	Part au capital
Fondateurs	10 800	270 K€	10 %
Investisseurs 1 et 2	19 200	480 K€	17 %
Total *pre-money*	**30 000**	**750 K€**	**27 %**
New money investisseurs 1 et 2	80 000	2 000 K€	73 %
Valeur *post-money*		2 750 K€	
p.m. Total investisseurs		**2 480 K€**	**90 %**

La situation est difficile d'un point de vue psychologique pour les fondateurs, au point de les voir baisser les bras. Les investisseurs sont donc devant le dilemme de ne pas diluer le management dans de telles proportions ou, s'ils ont une solution de rechange et les pouvoirs pour le faire, de le remercier[1].

À noter que la situation inverse peut se produire : une démotivation du management, ou de certains d'entre eux, si l'affaire marche trop bien et que les fondateurs ont fortune faite. Les VC indiquent souvent, lors d'interviews, que le mirage « licorne » est pervers : il tourne la tête des nouveaux entrepreneurs du numérique et leur fait perdre le sens des proportions. Il importe donc de parler des protections et garanties que prennent les investisseurs, parce qu'elles ont un impact fort sur la valeur.

1. Avec Canal+, et un peu l'aide politique du président de l'époque, André Rousselet avait créé une belle startup. Il était dur en management, disait-on, et avait en plus le défaut de ne jamais résister à faire un bon mot. Pierre Lescure, son directeur général, s'était plaint à lui :
« – André, jamais vous ne me remerciez pour tout le travail que je fais !
– Mais si, Pierre ! Vous êtes remercié ! ».

S'IL FAUT UNE CONVENTION, C'EST LE MULTIPLE DES VENTES QUI DOMINE

Pour les *tours A* et *B,* il est d'usage, parallèlement à la règle du 2/3-1/3, de conforter la valeur en rapportant la valeur de l'entreprise *post-money* sur, par exemple, le chiffre d'affaires ou l'EBITDA et en faisant la comparaison avec d'autres entreprises. Ce n'est pas toujours possible, on le verra ci-après pour des sociétés qui en sont pourtant à leur quatrième ou cinquième tour d'investisseurs. Cela permet de comparer une transaction avec une autre, dans un monde où chaque VC ou chaque créateur de startup surveille scrupuleusement ce qui se passe sur le marché. Par exemple, l'investisseur présent dans une startup de livraison de repas à domicile regardera forcément le « multiple » (valeur d'entreprise sur agrégat comptable) de l'acteur dominant du moment, Deliveroo.

Le multiple le plus commun à cet égard rapporte la valeur au chiffre d'affaires, rappelle Avolta Partners (2016) dans un guide annuel que publie cette jeune banque d'affaires spécialisée sur les startups du numérique et qui commence à faire référence sur la place française. Le guide suit 1 000 startups (en incluant aussi les startups purement technologiques), ce qui représente pour l'année 2015 un ensemble d'environ 650 investisseurs et 500 transactions.

Le graphique ci-après fait figurer les multiples de chiffre d'affaires enregistrés pour l'année 2015, en reprenant pour chaque secteur d'activité les multiples minimum, maximum et médian. Le multiple médian sur l'ensemble de la population est de 6,38X. On y note les très fortes valorisations acquises par le secteur dit *« consumer services »* ou C2C, qu'on pourrait traduire par « services entre consommateurs », du type BlaBlaCar. L'année 2016 montrera probablement que le secteur actif du moment en France, appelant des valorisations très hautes, est le secteur fintech.

Mais on met vivement en garde contre une sacralisation de ces multiples, en rappelant que WhatsApp, un réseau de communication immensément populaire, mais sans revenus, a été racheté par Facebook pour 22 Md$ en octobre 2014. C'est plus un potentiel qu'une réalisation qui fait l'objet des évaluations dans les premiers pas d'une startup du numérique.

Graphique 3 : Multiples des ventes pour les transactions sur startups (en 2015, par secteur d'activité)

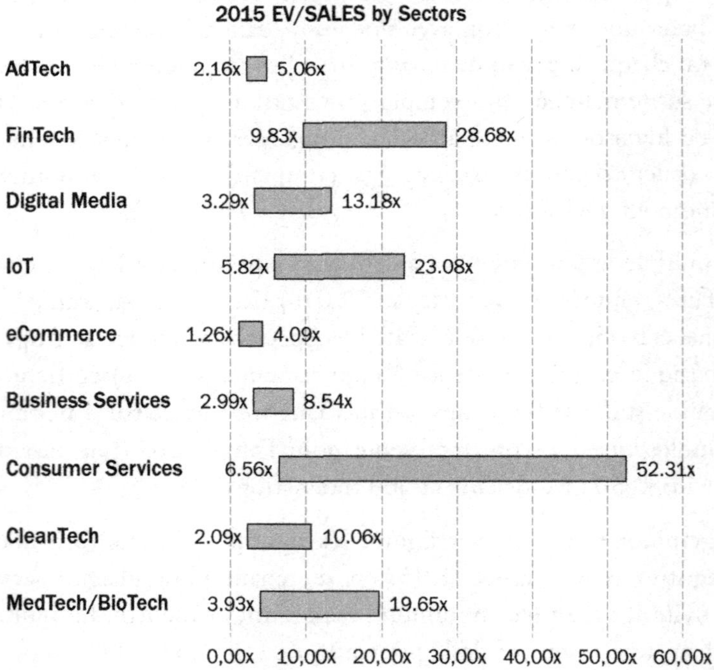

Source : Avolta Partners (2016).

Prix conventionnel, oui, mais avec garde-fou

On vient de voir que les investisseurs ne procédaient pas à des évaluations financières fines de leurs cibles d'investissement, la sophistication ne compensant pas le coût de l'analyse. Comment alors réduisent-ils le risque d'une erreur d'évaluation ?

On a déjà vu deux moyens : la diversification, par laquelle en général l'investissement se fait à plusieurs, derrière un investisseur pilote, chaque investisseur se constituant un portefeuille diversifié ; la logique des « tours », par laquelle on ne finance qu'une période d'exploitation courte de la startup qui, en cas de succès dans son plan de marche, la contraint à revenir vers les investisseurs pour une autre levée de fonds. C'est la marche à tâtons qui prévaut.

Mais il existe d'autres moyens, de nature juridique et financière, propres à fournir de telles assurances.

Le principal est l'émission de titres de nature différente entre les fondateurs et les investisseurs. Les actions des investisseurs peuvent être des actions de préférence *(preferred stocks)* adossées à des bons de souscription d'actions (BSA). De quoi s'agit-il ? Reprenant l'exemple du *tour B* plus haut, on a vu l'investisseur 2 mettre sur la table 2,4 M€ de *new money,* lui assurant 12 000 actions ordinaires au prix de 200 € par action.

Il aurait pu choisir de se protéger en achetant 12 000 actions toujours pour une valeur de 2,4 M€, mais assorties de 12 000 bons de souscription d'actions. Ces BSA lui permettraient (par exemple) de racheter 12 000 nouvelles actions au prix de 1 € dans le cas où la valeur de l'action, selon une règle pré-convenue, descendrait à 140 €. À ce niveau, la société ne vaut plus que 4,2 M€, soit une baisse de 30 % par rapport aux 6 M€ du *tour B.* Mais l'investisseur détient à présent 24 000 actions au lieu de 12 000, soit 57 % du capital au lieu de 40 %. Il n'a rien perdu à son capital initial, qui vaut toujours 57 % × 4,2 = 2,4 M€.

Il est probable que les fondateurs réclament, dans ce cas, une clause symétrique, par exemple des actions gratuites si la société performe mieux que le prévoyait le plan d'affaires. Mais la pratique du marché parisien est de préférer des bonus à une « relution » des fondateurs (*i.e.* une dilution des investisseurs). À nouveau, il y a une négociation, parfois complexe, lors de l'entrée d'un investisseur.

Mais il faut noter l'avantage de ces clauses ou mécanismes assurantiels. D'une part, ils déplacent l'enjeu de la négociation de la valeur nominale de l'action – 200 € dans notre exemple – à une discussion sur les protections à la baisse. L'investisseur a cédé à bon compte, pense le fondateur, sans voir qu'il s'est rattrapé par le jeu des BSA, plus facile à négocier et moins aisé à comprendre pour celui qui n'est pas familier avec les produits financiers. Le fondateur est satisfait d'un prix facialement élevé, ce qui présente, au demeurant, quelques vertus de dissuasion face à la concurrence : le secteur est jugé désormais « trop cher » ou bien ayant déjà trouvé son *« winner »*[1].

D'autres techniques existent. Par exemple, le *ratchet* (ou cliquet), une clause des statuts qui permet d'anticiper les conditions d'une augmentation de capital de type *down-round,* comme dans l'*exemple C* plus haut ; des clauses *good leaver* ou *bad leaver, i.e.* « bon » ou « mauvais partant ». Le bon partant est le dirigeant qui souhaite quitter le projet, en de bons termes. Le *bad leaver* est le dirigeant qui est prié de partir en cas de contre-performance notoire.

Encadré 11 : Le mécanisme des actions de préférence

Une entreprise qui se finance par *venture capital* émet le plus souvent (quasiment toujours aux États-Unis) deux types d'actions : des actions ordinaires (AO) ou *common stock* et des actions de préférence (AP) ou *preferred stock.*

1. C'est pourquoi il faut se méfier des statistiques de levée de fonds, comme le dit Avolta Partners (2016) : les prix sont toujours magnifiés, dans cette guerre de communication. Faire de la mousse est toujours tactique.

Par rapport aux AO, les actions de préférence fournissent aux investisseurs deux types de protection : en cas de liquidation ou revente à un prix bas ; en cas de levée de fonds auprès d'autres investisseurs.

1- Protection en cas de liquidité ou revente

Le plus souvent, l'action de préférence se comporte comme une dette en cas de revente à un prix bas : elle a priorité par rapport aux AO sur les fonds collectés lors de la revente. Supposons une entreprise valorisée 100 au moment de la levée de fonds *(post-money)*, dont 40 sous forme d'AP détenues par le VC. L'entreprise est en détresse et doit être revendue ou liquidée. Le VC est garanti de recevoir une valeur de 40 tant que la revente se fait à une valeur comprise entre 40 et 100. Il n'enregistrera de perte sur son capital que si la valeur de liquidation est inférieure à 40, ce qui est un cas où la participation des fondateurs est réduite à zéro en valeur. Ce n'est que si l'entreprise vaut plus que 100 que fondateurs et VC ont des droits économiques proportionnels à leurs parts au capital, 60 % et 40 % respectivement.

Dans certains cas, le VC demande même que la valeur plancher pour ses AP prenne en compte le prix du temps, avec un certain taux de rendement garanti *(participating preferred)*.

2- Protection anti-dilution en cas de nouvelles levées de fonds

Un des droits les plus classiques des AO et des AP est celui de suivre toute augmentation de capital. L'investisseur qui a mis 40 % du capital d'une affaire ne souhaite pas se retrouver à 5 % en raison de l'arrivée d'autres investisseurs lors des tours suivants. Ce droit, comme on l'a vu, reste assez théorique pour les fondateurs, porteurs d'AO, qui n'ont pas les capacités financières de suivre. En revanche, il est vital pour le VC. Mais l'AP ajoute parfois un droit supplémentaire, celui de ne pas se faire diluer **même si le VC ne suit pas dans l'augmentation de capital**.

Prenons l'exemple d'une entreprise qui émet 100 AO pour les fondateurs et 50 AP pour le VC n° 1, ce qui donne à ce dernier un tiers (50/150) des droits économiques de l'entreprise. L'action de préférence comportera typiquement une clause de conversion à la discrétion du porteur en AO dans une proportion (par exemple) de 2 AO pour 1 AP. Ainsi, quand l'entreprise émet 100 nouvelles actions ordinaires, le VC convertira ses AP et obtiendra à son tour 100 AO.

De la sorte, la répartition du capital après la levée de fonds sera :
100 AO (fondateurs)
100 AO (VC n° 1)

100 AO (*new money* de VC n° 2). Le premier investisseur garde un tiers du capital, comme précédemment.

La clause anti-dilution peut être aussi spécifiée en pourcentage du capital, plutôt qu'en ratio de conversion. Dans l'exemple précédent, la clause dira que les AP sont convertibles en autant d'AO qu'il en faut pour conserver la part d'un tiers du capital. Enfin, si la levée de fonds se fait à un prix inférieur à celui auquel le VC n° 1 est rentré (un *down-round*), les AP peuvent garantir un maintien de la valeur du capital investi par le VC, ce qu'on appelle un *ratchet* ou cliquet. Cette dernière clause est une protection assez naturelle du VC contre des fondateurs qui exagèrent la valeur de leur entreprise, genre, pour parler comme certains : « Comment ça serait cool si on montrait une valeur de 200 M€ ! ».

On imagine bien les tensions que peut générer une telle structure de financement quand l'entreprise a des performances médiocres : les fondateurs voient leur part au capital fondre au fil du temps, ce qui peut être très démotivant ou les rendre furieux, sachant qu'on ne vit pas dans l'ambiance startuppeur sans développer un ego bien équipé. *Cf.* Solomon (2016).

Enfin, et symétriquement, le *new money* demandera lui aussi à recevoir des AP à titre de protection et, en général, à des conditions de plus en plus favorables au fur et à mesure que la valorisation de l'entreprise progressera. Il se protège ainsi contre une survalorisation de l'entreprise.

Cette multiplicité des titres financiers assis sur l'entreprise complique l'évaluation de chacun d'eux et, à vrai dire, la rend impossible. On n'est plus dans le schéma commode des entreprises « établies » où l'évaluateur évalue l'entreprise puis en retranche la valeur (comptable le plus souvent) de la dette pour obtenir la valeur des fonds propres. Cela ne suffirait pas ici. Il y a rarement un financement par dette pour une jeune entreprise du numérique, mais il faudrait un travail d'entomologiste pour affecter une valeur précise à chacune des parts du capital assorties de leurs garanties spécifiques. On ne le fait pas.

Encadré 12 : Le côté pervers de l'exonération d'ISF pour les mises de fonds dans les startups

Voici une mesure, prise en 2007, que les principaux VC de la place de Paris n'apprécient que modérément alors qu'elle semble les servir. Le particulier investisseur financier dans une startup ou une PME peut, sous certaines conditions, diminuer de moitié son ISF afférent. Autrement dit, sa perte maximale, en cas d'échec de son investissement, est limitée à 50 % de la mise. Dans le jargon, il a un *ratchet* à 50 % de la valeur.

Passé les bonnes intentions, les effets pervers abondent : les investisseurs dans les fonds qui collectent ces investissements en vue de l'ISF sont moins attentifs à la qualité de l'investissement. Surtout, l'abondance des fonds désormais collectés produit une hausse générale des valorisations, la prime fiscale se partageant entre tous, et est donc très loin de correspondre à une hausse du volume des investissements.

Chapitre 4

L'évaluation des entreprises du numérique à un stade plus avancé

Ici, les *tours B* ou *C* sont derrière nous. Nos entreprises sont désormais plus grosses et plus visibles, ont déjà fait l'objet de plusieurs levées de fonds qui ont ancré à chaque fois une valeur plus grande, le plus souvent connue du public averti que sont les fonds de VC[1]. Elles sont, pour certaines, cotées en Bourse, ce qui donne un prix de marché à l'action et une référence de prix pour celles qui ne sont pas cotées. Avec des références de valeur plus nombreuses, l'évaluation de l'entreprise se stabilise, on sait mieux évaluer les fonds propres et les protections et clauses nombreuses dont bénéficient les investisseurs initiaux se simplifient et convergent progressivement vers les règles standards du droit commercial.

On quitte dès lors le domaine de la convention pour venir sur le terrain où le prix de l'action et la valeur de l'entreprise peuvent pleinement faire l'objet des techniques financières habituelles, à savoir essentiellement la méthode des comparables et la méthode des flux de trésorerie actualisés (DCF), dont on fera un court rappel. Il y a, de nos jours, un relatif consensus sur la façon dont ces deux méthodes fonctionnent. Mais l'incertitude sur le futur de ces entreprises reste telle qu'il en résulte une variété très grande dans leur utilisation, y compris chez les meilleurs professionnels. Quelques recommandations pour déterminer la valeur sont nécessaires, dont il faut rappeler que le but n'est pas tant de donner le « vrai » prix à ces entreprises qu'une cohérence au discours et à l'analyse, c'est-à-dire un terrain plus solide pour se faire une opinion d'achat ou de vente.

Pour ce faire, on prendra comme exemple la société Snap Inc., promoteur du réseau social Snapchat, qui a fait au début mars 2017 l'objet d'une mise en Bourse à New York pour une valeur d'entrée de 15 $ par action, qui est rapidement montée autour de 22 $ pendant les mois de mars, avril et mai, ce qui représente une capitalisation de

1. Il faut prendre garde qu'un « tour » de levée de capital porte parfois sur des montants très petits : le prix marqué à l'occasion n'est souvent pas très probant.

plus de 31 Md$. Il s'agit d'une mise en Bourse emblématique, une des principales historiquement dans ce secteur, après celles de Facebook et d'Alibaba, et avec un enjeu important : voit-on ou pas émerger un nouveau Facebook, dont la valeur boursière venait, au moment de la mise en Bourse de Snap, de dépasser les 400 Md$?

Prendre cet exemple est commode parce que la société a encore un modèle d'affaires simple, permettant de limiter la discussion à quelques paramètres clés. À ce jour, elle n'est rien de plus qu'une « appli » offrant une plateforme d'échanges de messages et vidéos, très loin du stade de développement d'une plateforme multiface à la Facebook ou Tencent (une société qui en est un peu l'équivalent en Chine), même si l'ambition affichée des fondateurs est qu'elle le devienne. Les problématiques d'évaluation sont plus aisées à exposer.

Comme on veut s'éviter le jugement cruel du temps en affichant aujourd'hui une opinion sur une valeur aussi incertaine que Snap, on se met dans la position de l'investisseur qui doit décider – nous sommes en mars 2017 – s'il doit ou non acheter l'action Snap. Et qui, pour cela, recueille l'information disponible à cette époque et uniquement celle-ci : les données financières à fin 2016 pour Snap et toutes les sociétés comparables, les articles de presse, les revues des analystes financiers sans oublier son simple bon sens.

Comparables et DCF : les deux techniques majeures en matière d'évaluation

La méthode des comparables

La méthode des comparables postule simplement que deux entreprises identiques doivent avoir la même valeur. C'est ce qu'on appelle la loi du prix unique qui prévaut sur les marchés financiers, à moins d'ouvrir une opportunité d'« arbitrage ». Il n'y a jamais, bien sûr, deux entreprises identiques mais, nous dit la méthode, l'évaluateur cherchera les entreprises dont on connaît la valeur et qui se rapprochent le plus de l'entreprise étudiée. Les critères sont, par exemple, le secteur d'activité, la taille, le modèle d'affaires, etc. On s'en remet alors à la statistique pour constituer un échantillon de ces entreprises dites « comparables » et on l'utilise comme échantillon de contrôle : si les entreprises de l'échantillon valent en moyenne 10 fois leur EBITDA (on parle d'un « multiple » VE/EBITDA de 10X), alors notre entreprise, selon cette méthode, vaudra également 10 fois son propre EBITDA. Rien de plus qu'une règle de trois.

Il y a trois précautions à prendre : bien choisir l'échantillon ; bien choisir sur quelle base, c'est-à-dire sur quels multiples, se fera la comparaison ; bien choisir, enfin, le marché de référence sur lequel on mesure la valeur des comparables, à savoir un marché boursier de cotations régulières, un marché de transactions sur des blocs de contrôle, comme lors d'une acquisition stratégique, ou le marché des fonds de *venture capital.* C'est un travail de bon sens et de simple statistique, mais plein de chausse-trappes que les évaluateurs gardent à l'esprit.

Les multiples retenus doivent subir un test de stabilité sur l'échantillon, à la fois entre entreprises retenues et, si possible, au travers du temps, ceci relativement au niveau des indices boursiers. Un des multiples les plus courants reste, comme pour le cas des startups, celui qui rapporte la valeur de l'entreprise au chiffre d'affaires, un bon indicateur d'activité. Mais on préfère en général des multiples rapportant la valeur d'entreprise à la rentabilité d'exploitation, par exemple l'EBITDA ou le résultat d'exploitation ; ou rapportant la valeur des fonds propres à leur rentabilité, à savoir le résultat net. S'agissant des indicateurs comptables de rentabilité, on tend à privilégier l'EBITDA parce qu'il est le plus haut placé dans le compte de résultat et donc le moins affecté par des éléments comptables occasionnels. Il faut toutefois garder ses limites à l'esprit : il peut être biaisé, on l'a vu, selon que les actifs sont loués ou détenus en propre, et surtout, il ne prend pas en compte les charges d'investissement nécessaires pour que l'entreprise soutienne son niveau de marge[1].

On voit aussi des multiples d'indicateurs physiques d'activité, qui font le rapport entre la valeur d'entreprise et, par exemple, les effectifs salariés, le nombre de clients, la surface (pour l'immobilier), l'audience (pour les plateformes du numérique), etc.[2]

La méthode des flux de trésorerie actualisés

La méthode des flux de trésorerie actualisés repose sur une autre notion propre aux marchés financiers, celle de valeur fondamentale d'un actif financier. Il s'agit de la valeur des revenus nets (ou flux net de trésorerie[3]) que cet actif rapportera dans le futur. Ceci vaut pour tout actif, y compris les actions d'une entreprise numérique. On évalue donc non pas relativement à d'autres entreprises faisant l'objet de cotations, mais intrinsèquement pour ce qu'on suppose être les revenus dans le futur. En ce sens, la méthode est non pas comparative, mais prospective, et suppose de construire un plan d'affaires pour

1. C'est pour cette raison que certains évaluateurs privilégient comme agrégat le flux net de trésorerie (*cf.* note 3 ci-dessous pour une définition précise), mais celui-ci est plus instable, sensible, par exemple, au rythme de l'investissement et au cycle du besoin en fonds de roulement (ou BFR).
2. Avec la précaution d'être homogènes dans la comparaison, de ne pas mélanger choux et carottes. Tous les indicateurs ou agrégats d'activité ou à l'exploitation se rapportent à la « valeur d'entreprise » *(entreprise value),* entendue comme la valeur de l'ensemble des actifs économiques portés au bilan. Mais on peut considérer aussi des multiples assis sur les fonds propres ou sur la dette. Un agrégat de résultat net ou de situation nette sera homogène à la valeur des fonds propres *(equity value),* de même qu'un agrégat de frais financiers sera homogène à la valeur de la dette.
3. Le flux net de trésorerie, c'est l'autofinancement brut de l'entreprise (EBITDA) après dépenses en capital fixe (investissement) et en capital circulant (variation du BFR), ceci-après impôts sur les bénéfices. *Cf.*, par exemple, *Finance d'entreprise 2017* (Vernimmen, 2016) pour une description précise.

l'entreprise. En sus des revenus, il convient aussi d'estimer le risque associé à ces revenus, ce qui détermine le « prix du temps », c'est-à-dire le taux d'actualisation avec lequel on compare un revenu de demain avec un revenu d'aujourd'hui.

Il n'y a pas d'évaluation « gratuite ». L'évaluation est une négociation

La méthode des comparables a d'excellentes vertus dans le cadre d'une négociation quand vendeurs et acheteurs s'affrontent. Il est toujours commode de s'appuyer sur le marché : le prix est sous-évalué, dira l'un des côtés de la table de négociation ? Peut-être, mais c'est ce que dit le marché. Dans ce sens, la mesure est « objective ». On déplace ainsi la discussion sur les facteurs qui expliquent pourquoi l'entreprise en question vaut plus ou moins que les dits comparables, en général les concurrents, ce qui est un exercice utile et heuristique pour faire converger les points de vue. Car il n'y a pas d'évaluation qui soit gratuite ou bâtie dans l'abstrait : évaluer, c'est se projeter sur une transaction qu'on veut faire, sur un achat ou une vente, et donc dans une négociation. À défaut, le prix s'impose sans discussion, ce qui est le cas pour les actifs négociés sur des marchés très liquides, comme un taux de change, le prix du pétrole… ou les biens de consommation courante. Une entreprise, *a fortiori* une entreprise du numérique, est loin d'avoir cette fongibilité.

Plus encore que la méthode des comparables, la DCF est excellente pour stabiliser un cadre de négociation et éviter qu'il quitte le terrain du rationnel. Elle force l'acheteur et le vendeur à objectiver leurs raisonnements. Cette méthode exige un bagage technique plus important que la méthode des comparables, mais c'est ce qui fait aussi son avantage : elle contraint les parties à s'entendre sur les conventions à la base des calculs réalisés, ce qui canalise le flux de la discussion et pousse chacune des parties à révéler son information privée. Comme le dit Quesnay, ce grand économiste physiocrate du XVIIIe siècle, « les calculs ne peuvent être attaqués que par des calculs »[1].

Il ne faut voir rien d'autre en cela que ce que pratiquent de longue date les diplomates qui usent de codes et de règles parfois formalistes pour rendre plus aisée la réconciliation des points de vue. Il n'y a pas de point de vue d'expert « désengagé » et l'évaluation reste un affrontement d'opinions. L'acheteur cherche à déprécier ce qu'il va acheter tant qu'il négocie le prix, mais à l'apprécier quand il s'agit de justifier son acquisition. Le management a, en général, l'optimisme de l'action, mais sait aussi être pessimiste lorsque ses intérêts sont en jeu, par exemple s'il doit bientôt opérer sous l'œil du futur actionnaire qui se souviendra des promesses faites. La DCF offre, à cet égard, un meilleur habitacle que les comparables parce qu'elle force à discuter formellement, stratégie et chiffres sur la table, de la trajectoire future de la société. C'est ce qui se produit en principe lors de la levée de fonds d'une startup : le management est contraint à faire cette réflexion stratégique, et ceci sous la discipline des chiffres. Cela vaut même si les chiffres en question ont un caractère immensément incertain, car ce sont les chiffres qui obligent à donner, plus qu'un discours ouvert sur les avantages et inconvénients à investir, une cohérence et un cadrage au raisonnement, sans pour autant chercher en eux une illusoire capacité à prévoir le futur. Pour cette raison, il n'est jamais recommandé que le management d'une startup vive trop longtemps en circuit fermé, « la tête dans le guidon », sans l'appui, si rugueux qu'il soit parfois, d'investisseurs financiers qui mettent la société en perspective.

Les analystes financiers qu'on va appeler pour l'exercice d'évaluation de Snap sont évidemment moins « engagés » qu'un intervenant qui

1. Dans l'introduction de son ouvrage *Philosophie rurale* (1763). Accessoirement, la complexité de la méthode justifie le recours aux services techniques des banques d'investissement, ce qui aide à les laisser maîtresses du marché des fusions-acquisitions.

met ses fonds sur l'achat ou la vente de la société. Mais ils sont le plus souvent de bons connaisseurs sectoriels, avec une solide culture financière et qui mettent quelque peu en jeu leur réputation. Pour leur faire justice, l'évaluation chiffrée proprement dite n'est qu'une partie de leur travail. Le gros de la recherche consiste en une analyse stratégique fouillée de la société et de son environnement concurrentiel.

L'ÉVALUATION APPLIQUÉE À LA SOCIÉTÉ SNAP

Snap détient principalement Snapchat, une « appli » mobile de réseau social, qui permet à ses membres d'échanger des messages, des vidéos ou des photos. Si le filtre sur les photos a été le « gadget gagnant » à l'origine d'Instagram, celui de Snapchat est indiscutablement le message qui s'autodétruit, comme dans les romans d'espionnage. Sauf intervention, il s'efface dans l'immédiat, ce qui rend les échanges ludiques, spontanés, sans la crainte d'un stockage des photos jusqu'à la nuit des temps dans le ventre des serveurs[1]. Au demeurant, cela permet d'économiser le nombre des serveurs. Son public apprécie : il s'agit, pour l'essentiel, à son stade du développement, des *millennials,* voire des *pré-millennials,* une cible difficile à atteindre et à fidéliser, et donc de choix pour les publicitaires. La société évalue à 25 minutes par jour le temps d'utilisation de la plateforme par ses aficionados.

Les revenus de la société ne sont, à ce stade, que les commissions tirées de la vente d'espaces publicitaires. Mais le marché est immense et en pleine croissance. S'agissant de la publicité sur tout support numérique, on l'estime à environ 200 Md$ en 2016, alors qu'il n'était que de 100 Md$ en 2012. Les prévisions les plus courantes le mettent à 300 Md$ en 2020. La publicité sur mobile en est la part la plus

1. Le gadget n'a pas été inventé par Evan Spiegel et Robert Murphy, les fondateurs de Snapchat, mais par leur premier partenaire, Reggie Brown, qu'ils ont évincé de la société. Un procès a suivi, qui s'est soldé par une indemnité de 157,5 M$ pour Brown.

dynamique : sa part est de 30 % en 2012 et de 40 % en 2020, contre moins de 5 % en 2012. Le mobile est le créneau de Snapchat et, au sein de ce créneau, afin d'éviter le risque d'affadissement que court un réseau « généraliste » comme Facebook, la cible des jeunes. Pour Snap, comme pour Facebook ou YouTube, le gros des supports publicitaires est de courtes vidéos sonores insérées dans les messages envoyés et reçus, que les utilisateurs semblent tolérer, les conduisant même à cliquer sur l'offre présentée.

On est donc face à une régie internet. Les deux gros acteurs de ce marché mondialisé sont Google, avec son moteur de recherche, et Facebook avec sa plateforme sociale très présente sur mobile. Ils en détiennent 43 % à ce jour. Il y a place pour d'autres acteurs : Baidu, Tencent en Chine, mais aussi, de plus en plus, Amazon ou Alibaba, même si aujourd'hui ces deux sociétés vivent beaucoup plus de commissions sur transactions que de revenus publicitaires. Et donc, bien sûr, Snap, fort de sa base clientèle très ciblée. Il va de soi que les grands annonceurs dans le monde, et les agences de publicité qui gèrent leurs très gros budgets, ne peuvent plus se passer du support qu'est le mobile. En même temps, ils s'inquiètent de leur dépendance croissante aux deux acteurs dominants que sont Google et Facebook, voire du seul Facebook si on se limite à la publicité sur mobile, ce qui peut aider un challenger[1].

---

1. Peut-être pour conjurer le sort de rester enfermé dans le duopole Google/Facebook, Martin Sorrell, patron de WPP, une des grandes agences de publicité dans le monde, indique être très optimiste sur les chances de Snap. Il informe avoir dépensé 5 Md$ de budget publicitaire (pour compte de ses clients) sur Google en 2016, 1,8 Md$ sur Facebook et déjà 90 M$ sur Snap. Et il n'envisage pas qu'une agence sérieuse puisse se passer du support qu'est le mobile. Il fait aussi le pronostic qu'Amazon deviendra bientôt, fort de ses immenses bases de données sur les produits, une très importante régie publicitaire sur le net. *Cf.* interview faite par CNBC le 1er mars 2017 au Mobile World Congress de Barcelone.

Où cela nous mène-t-il en matière de chiffre d'affaires pour Snap ? On se repose habituellement sur deux indicateurs, s'agissant des régies internet : le nombre d'usagers actifs par jour sur le site (le DAU pour *Daily Active Users*) et le revenu publicitaire par usager actif ou ARPU (pour *Average Revenue per User*). Le chiffre d'affaires de l'entreprise sera le produit du DAU par l'ARPU.

Créée en 2011, la société a vu croître très vite le nombre de ses usagers actifs. Le DAU s'élève à 158 millions de personnes à fin 2016, même si cela reste très loin, dans une proportion de 13 %, du DAU de Facebook, la référence absolue à ce jour. De même, l'ARPU de Snap reste encore très éloigné de celui de Facebook, soit une proportion de 15 %. Ce qui fait que les revenus publicitaires de Snap, produit de ces deux nombres, sont, à 405 M€ en 2006, inférieurs à 2 % de ceux de Facebook. Mais ils sont promis à une croissance plus rapide. Nous allons voir ce qu'en disent les analystes.

Car Snap fait montre d'un degré fort d'innovation et d'inventivité produites. Ses revenus croissent rapidement, à la différence de ses deux autres grands concurrents, Twitter et LinkedIn, qui semblent condamnés à une croissance étriquée[1].

Côté coûts, Snap ne bénéficie pas, pour le moment du moins, des rendements croissants de Facebook dont le taux de marge (en termes d'EBITDA) est de 65 % en 2016, l'un des plus élevés des sociétés de services, avec Tencent. Par comparaison, le taux de marge d'Alphabet/Google n'est que, si l'on peut dire, de 40 % (voir tableau 5). Snap amortit donc mal encore ses coûts fixes ou semi-fixes, dont en particulier le coût de location d'espace serveur (auprès d'Alphabet/Google). Les coûts sont plus du double du chiffre d'affaires et continueront, en 2017, à croître plus vite que ces derniers. Sa marge brute est fortement négative, à – 460 M$.

1. Du moins, dans le cas de LinkedIn, avant son rachat par Microsoft en décembre 2016, qui peut donner au réseau une tout autre dimension.

Tableau 5 : Ratio de marge de quelques grands auteurs du numérique

(2016, en Md$ sauf les ratios	Alphabet	Apple	Facebook	Twitter	Amazon	Tencent
Chiffre d'affaires	90,2	215,6	27,6	2,5	94,6	22,0
EBITDA	36,5	75,4	17,9	0,7	15,2	14,6
Taux de marge	*40 %*	*35 %*	*65 %*	*28 %*	*16 %*	*66 %*
Cash sur le bilan	73	215,6	29,4	3,7	26	7,4

Source : Rapports annuels 2016 des sociétés.

NB : Pour Tencent, conversion en USD sur la base de 6,9 RMB pour un dollar. Alphabet est la maison mère de Google.

Facebook *or not* Facebook ?

Tout le dilemme à propos de l'évaluation de l'entreprise porte un nom : Facebook. Snap a-t-elle le potentiel de passer du statut de simple application mobile populaire parmi les jeunes à celui d'une plateforme multiface de plein rang comme le sont devenus Facebook ou même Google, s'agissant du métier de régie ? Peut-elle entrer dans le même cercle vertueux *(flywheel)* d'une croissance conjointe des contenus et des services rendus ? C'est loin d'être acquis. Les puissants effets d'échelle donnent peut-être déjà un poids stratégique trop fort à Google et surtout à Facebook dans le domaine du mobile.

Il y a donc deux scénarios polaires, Facebook pour le premier, le second pouvant être baptisé, pour donner du piquant à l'histoire, de scénario Twitter, tant ce réseau social, malgré la popularité que lui donne le président Trump, semble incapable de monétiser son audience.

On exclut un scénario super bas, à l'exemple de Yahoo!, ce précurseur malheureux de Google, une société qui a valu 125 Md$ à son apogée boursier en 2000 pour entamer ensuite une chute irrémédiable, bien décrite par Albouy (2016). L'entreprise a rejeté fièrement une offre d'acquisition de Microsoft de 45 Md$ en 2008. Elle vient tristement de jeter l'éponge, de renvoyer son manager phare, l'iconique Marissa Mayer venue à grands frais de Google pour sauver l'entreprise, et de se vendre pour une « bouchée de pain » (4,4 Md$) à l'opérateur téléphonique Verizon[1]. Cette dernière transaction est un signe qui conforte le pronostic que certains font sur les fournisseurs d'accès internet (encadré 5), qui ont probablement un avenir dans le domaine de la régie publicitaire, forts de leurs immenses masses de données client, largement en friche à ce jour.

Peu de gens, à date de la mise en Bourse, se risquent à trancher péremptoirement entre le scénario Facebook et le scénario Twitter. Y compris Facebook lui-même, qui est très conscient de la qualité de l'application et toujours aux aguets pour limiter la concurrence. Il avait d'ailleurs fait une proposition de rachat de Snapchat en novembre 2013 pour la somme jugée déraisonnable à l'époque de 3 Md$ et que les fondateurs avaient crânement refusée[2]. Suite à cet échec, Facebook – qui en garde probablement une rancune

1. Les actionnaires de Yahoo! ne se sont pas plaints pour autant. En effet, en dehors de l'activité vendue à Verizon, Yahoo possède 24 % d'Alibaba et 36 % de Yahoo! Japan, cette dernière participation valant 9 Md$ à elle seule. De sorte qu'en dépit des épouvantables performances de Yahoo! en tant que réseau social, le cours boursier a triplé durant la période où Marissa Mayer était à la tête de l'entreprise, sous la seule impulsion de ces deux investissements. Elle n'y est pour rien, puisque la décision d'investir a été prise avant son arrivée, par l'un de ses fondateurs visionnaires, Jerry Yang. Toutes les initiatives prises par elle pour redresser l'entreprise ont été des échecs, ce qui n'a pas empêché que sa rémunération ait été au total de 900 K$ par semaine. À sa décharge, il s'agissait peut-être d'une tâche impossible. *Cf. The New York Times*, 3 juin 2017.
2. Il a été rapporté que le jour suivant ce refus de l'offre de Facebook, Google a fait une offre à 4 Md$, également rejetée.

personnelle – a copié à marche forcée la formule et les fonctionnalités de Snapchat, dont les envois qui s'autodétruisent. Elle le fait au travers d'Instagram, l'application d'échange de photos qu'elle avait rachetée précédemment. À nouveau, il y a peu de brevets opposables dans cette industrie, ce qui abaisse les barrières à l'entrée. Interrogé sur le fait qu'Instagram copiait délibérément les fonctionnalités de Snapchat, son dirigeant, Kevin Systrom, répondait : « Toute idée est originale quand vous y avez mis votre propre piment », ce qui peut heurter les intransigeants de la propriété intellectuelle[1].

Or, depuis ce redéploiement, Instagram capte les usagers à grande vitesse et est en passe de rattraper Snap (graphique), ce qui peut inquiéter les investisseurs dans Snap.

Graphique 4 : Comparaison entre le DAU de Snap et celui d'Instagram

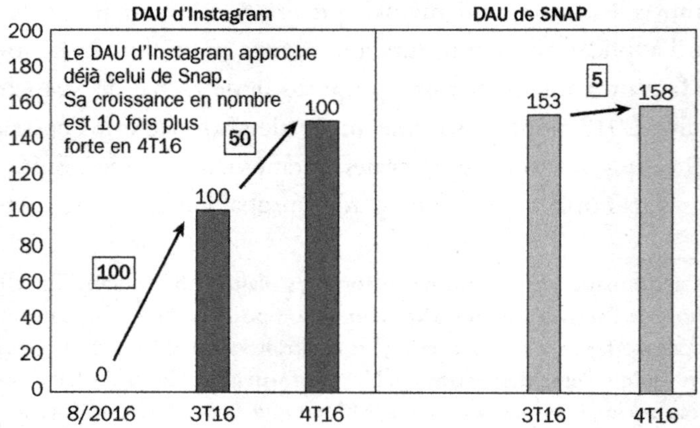

Sources : Company Reports, SFG research.

1. Rappelant T. S. Eliot qui disait : « Les poètes immatures imitent ; les grands poètes volent. » On attribue aussi la phrase à Picasso, qui mettait « artiste » à la place de « poète ». Qui des deux volait l'autre ?

Une force de rappel : les prix déjà ancrés pour de telles sociétés

En même temps, le prix de Snap a une sorte de limite à la baisse, sachant l'intérêt stratégique chez d'autres acteurs du numérique à racheter ce réseau. WhatsApp, on l'a vu, a été acheté pour 22 Md$ en 2014. LinkedIn, un autre réseau social, ciblé initialement sur le marché du travail, a été racheté fin 2016 pour 26 Md$ par Microsoft. Ce dernier cas montre que l'échec, d'une certaine façon, accroît la chance pour les actionnaires d'un beau lot de consolation[1].

Pour résumer, la tâche est donc rude pour les analystes financiers qui doivent nous éclairer sur la valeur boursière de Snap.

Encadré 13 : Des bulles et du bon et mauvais usage des bulles

Dans le domaine financier ou immobilier, ou pour certains biens de prestige, il manque parfois d'un arrimage à des éléments solides qui fixent la valeur. Faute d'informations fiables, les acheteurs se regardent plus les uns les autres qu'ils n'étudient le bien ou l'actif en question. Ce phénomène de « réflexivité » pousse à ce qu'on désigne désormais avec le terme, un peu galvaudé, de « bulle », à savoir un processus où l'investisseur achète non plus pour le service ou le revenu que lui apportera l'actif – un revenu qui va décroissant en proportion du prix à mesure que le marché monte –, mais parce qu'il anticipe que le prix va continuer à monter. Cette anticipation, une fois généralisée, s'auto-réalise. Les économistes parlent alors de « bulle rationnelle », non que les marchés soient toujours rationnels, mais pour montrer qu'en continuant d'acheter, les investisseurs se basent sur une prévision rationnelle de ce que sera le prix dans le futur, même s'il s'écarte de la valeur fondamentale de l'actif. *Cf.* Blanchard et Watson (1984) pour un exposé lumineux mais technique. D'autres économistes pensent le contraire, Keynes en premier, et jugent que le phénomène répond à des comportements irrationnels des gens, à leurs « esprits

1. Ce que l'un des analystes appelle joliment le « *put* Facebook », supposant par là que Facebook pourrait être, problèmes anti-trust mis à part, intéressé à une telle reprise. Comme pour un *put* (ou option de vente), sa valeur s'accroît au fur et à mesure que baisse l'action Snap.

animaux ». Rationnelle ou pas, toujours est-il que la bulle est destinée à crever. Et qu'on ne peut jamais dire quand : si je sais qu'elle va éclater dans trois mois, mon prix aujourd'hui prend cela en compte, et c'est dès aujourd'hui qu'elle éclate !

Les marchés financiers les plus sujets à cette réflexivité sont ceux qui négocient des actifs ne rapportant pas de revenu pécuniaire raisonnablement certain à assez court terme. *Cf.* Meunier (2015b). On cite habituellement le marché de l'art, des vins fins ou de l'or, voire les bulbes de tulipes dans les Pays-Bas du XVIIe siècle, autant d'actifs rétifs à un ancrage dans une réalité convenue. Il est très rare que de tels phénomènes se manifestent sur des marchés aux revenus plus assurés, telles les obligations d'État ou les actions d'entreprise à croissance faible et distribuant de larges dividendes.

Mais les actions d'entreprises du numérique, surtout si elles explorent des domaines inconnus et en rupture radicale avec l'existant, sont des candidats tout trouvés. Suite à l'entrée en scène massive d'Internet à la fin des années 1990, qui pouvait dire le futur du secteur de la distribution ? Voici un événement dans le registre de l'indécidable. Certains modes de distribution disparaissent, d'autres se mettent en place et ramassent la mise. Il n'est donc pas absurde, dans certains scénarios extrêmes, de miser 10 fois, 100 fois les profits ou le chiffre d'affaires des nouveaux acteurs en place. Rétrospectivement, cela s'est vérifié pour certains d'entre eux, mais avec dix ans de retard !

Les grandes ruptures technologiques sont donc propices à ces excès de valorisation. La bulle du ferroviaire est restée célèbre aux États-Unis. Il y a là un risque fort de déstabilisation financière et économique, mais on peut, sans trop de cynisme, y trouver certaines qualités. Sans ces phénomènes de bulle, de « ruées vers l'or », jamais il ne serait possible de collecter tant d'énergie et de capitaux en si peu de temps pour tenter l'innovation. *« La route de l'excès mène au palais de la sagesse »*, pour citer à nouveau William Blake, si l'on s'assure des garde-fous pour en limiter le risque social. La bulle, en bien et en mal, concerne d'ailleurs tout autant le marché du travail que le marché financier : sans la perspective d'une frontière qu'on franchit, y aurait-il tant de jeunes gens talentueux prêts à lancer leur startup, à rêver d'être Zuckerberg ou Mazzella ? Pour certains d'entre eux, un cadre professionnel moins risqué leur permettrait sans doute de mieux exprimer leur talent, au bénéfice de la société. Et c'est l'inverse pour d'autres. Qui le sait à l'avance ?

Snap : Les analystes financiers entrent en jeu

Nous sommes début mars 2017. Les courtiers et banques d'investissement s'activent autour de la mise en Bourse (IPO en anglais, pour *Initial Public Offering*) de Snap, pour placer des titres auprès de leurs clients. Leurs analystes boursiers produisent des « recherches » qui donnent un avis personnel sur l'intérêt d'un tel achat. Il s'agit d'analystes qu'on appelle *sell side,* c'est-à-dire du côté des vendeurs, par opposition aux analystes dits *buy side* qui font partie des équipes de gestion des grands acheteurs institutionnels, fonds d'investissement, gérants d'actifs et compagnies d'assurance. La législation a été fortement renforcée, s'agissant des analystes *sell side* : le régulateur refuse, suite aux abus qui ont été commis lors de la bulle internet des années 2000, que le document d'analyse ne soit rien de plus qu'un prospectus publicitaire, poussant au maximum le client à l'achat. Il doit faire montre d'une certaine indépendance. Pour cette raison, les banques d'investissement qui conduisent l'IPO n'ont pas le droit de publier de recherches avant ou au moment de la mise en Bourse.

On retient pour l'examen des méthodes d'évaluation les documents de trois maisons de titres n'ayant pas participé à l'IPO : Aegis, Susquehanna Financial Group (SFG) et FBN Securities, parues fin février ou début mars 2017, c'est-à-dire au moment de la mise en bourse. Elles prenaient un certain risque, puisque l'action venait d'être cotée, de sorte que le prix de marché était encore mal assuré. On prend aussi en compte celles de Morgan Stanley et de Citigroup, deux banques plus prestigieuses, mais qui ont dû attendre la fin mars avant d'être autorisées à publier, par conséquent à un moment où le cours boursier s'était quelque peu stabilisé (de fait, il avait été à peu près stable tout au long du mois de mars, *cf.* graphique ci-dessous).

Graphique 5 : Cours de Snap Inc. depuis la mise en Bourse

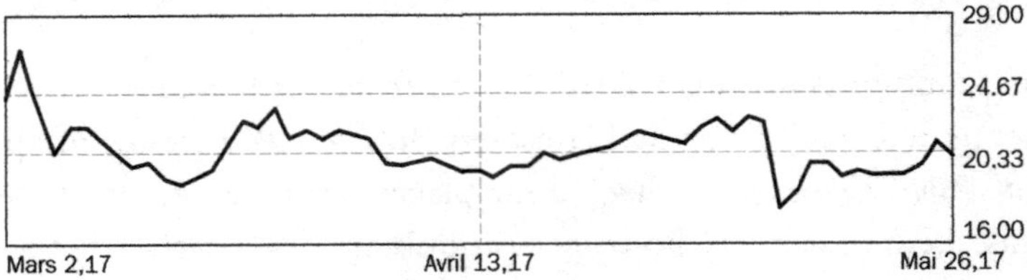

Source : Yahoo! Finance.

L'approche par les comparables est forcément hybride

Le premier travail réalisé par chacun de ces analystes est de rechercher les comparables. Ils retiennent prioritairement Facebook et Twitter, à la fois parce que ce sont les seuls réseaux sociaux cotés en Bourse (LinkedIn l'ayant quittée suite à son rachat) et parce qu'ils illustrent les deux cas polaires déjà mentionnés. Ils incluent Google (désormais Alphabet) qui a un modèle économique différent, mais dont le gros des revenus vient, comme pour Facebook et Snap, du métier de régie publicitaire. Ils utilisent des valeurs issues d'acquisitions stratégiques de réseaux sociaux, celles de WhatsApp et de LinkedIn. Certains d'entre eux prennent en compte une plus large population d'entreprises du numérique, incluant notamment Tencent.

Pour fixer les idées, le tableau 6 à la page suivante donne les multiples sur Alphabet/Google, Facebook, Twitter et Tencent, mesurés sur les données 2016 à partir du cours en Bourse de fin mars 2017.

Deux problèmes apparaissent. L'un, mineur, vient de la confirmation du profil très tranché entre Facebook (ou Tencent) et Twitter dans les multiples. Google est différent, société davantage à maturité, ayant une croissance moindre. Cela montre que faire une moyenne a peu de sens. L'autre est plus embêtant : ces chiffres ne sont pas utilisables comme tels puisque l'EBITDA de Snap en 2016, et très probablement pour plusieurs années à venir, est fortement négatif ; quant aux ventes de

Snap, elles s'élèvent à 400 M$, ce qui donnerait une valeur de (seulement) 0,4 × 13,6 = 5,4 Md$, si on retenait le multiple de chiffre d'affaires le plus favorable, celui de Facebook.

Tableau 6

2016 pour données comptables ; cours du 24 mars 2017	EV/CA	EV/EBITDA	EV/DAU
Alphabet/Google	5,5x	13,6x	ns
Facebook	13,6x	21,0x	295 $
Twitter	2,9x	10,4x	60 $
Tencent	12,1x	21,6x	

Source : Rapports annuels, auteur.

NB : EV : valeur d'entreprise ; CA : chiffre d'affaires ; DAU : nombre d'usagers actifs par jour.

Cela n'aide pas plus de considérer que Snap a des revenus égaux à 2 % de ceux de Facebook : il vaudrait alors un peu moins de 8 Md$. On est loin de la valeur que demandent les actionnaires de Snap pour la mise en bourse, soit 22 Md$ au prix de 15 $ par action. Sommes-nous condamnés à jeter l'éponge et à nous contenter, plutôt que d'une valorisation par les multiples, de faire une DCF ? C'est l'option retenue par l'analyste de FNB.

Les autres analystes optent pour une stratégie différente, en fait un mix de comparables et de DCF : ils font une prévision sur les performances de SNAP à une date dans le futur, notamment pour le chiffre d'affaires, y appliquent des multiples observés aujourd'hui, et tentent de revenir dans le présent par actualisation[1].

1. C'est, à vrai dire, le plus souvent le cas pour les évaluations par les comparables : on prend ce qu'on appelle un « multiple prospectif », par exemple le multiple des ventes en 2017, ce qui comporte alors une part de prévision, puisqu'il faut estimer les ventes en 2017, si l'on est en 2016.

Parmi ces analyses, celle de SFG est à la fois la plus simple et la plus conforme au dilemme stratégique posé précédemment. L'analyste retient trois scénarios. Le scénario bas est celui où Snap suit la trajectoire de Twitter, sans arriver à réellement faire son trou face à Facebook. L'analyste considère alors que Snap en est, en 2016, à l'étape que connaissait Twitter il y a cinq ans, en 2012. Snap va donc, à partir de ses chiffres 2016, se caler exactement sur l'évolution du chiffre d'affaires et de la marge qu'a connus Twitter au cours de ces cinq ans. Il dispose ainsi d'une sorte de plan d'affaires pour Snap pour les années 2017 à 2021. Au terme de ce scénario, Snap aura, par exemple, un taux de marge de 31 %, égal à celui de Twitter en 2016. Le scénario haut procède du même principe, mais calé cette fois sur la trajectoire de Facebook pendant les cinq années entre 2009 à 2014, donc avec un taux de marge de 63 %, tout comme Facebook en 2014. Enfin, l'analyste propose une projection qu'il appelle « centrale », où la croissance est intermédiaire entre celle des deux sociétés en référence, mais où le taux de marge reste celui de Twitter. On devine que c'est celle qu'il va préférer, au mépris de la logique binaire qui devait prévaloir.

Tout ceci permet d'appliquer aux chiffres de Snap en 2021 des multiples observés aujourd'hui pour les sociétés comparables que sont Twitter et Facebook. On obtient ainsi des estimations de la valeur de Snap en 2021, qu'il faut ramener à aujourd'hui (en pratique à fin 2017).

Pour cet analyste, le taux d'actualisation retenu est de 25 %, chiffre donné sans justification et qui, comme on le verra, semble impossible à justifier. Il obtient ainsi une valeur de respectivement 6 \$, 22 \$ et 39 \$ respectivement pour les trois scénarios (pour rappel, Snap a été introduit en Bourse à 15 \$ et son cours, après une brusque montée le premier jour de cotation à 24,4 \$, s'est stabilisé autour de 22 \$ tout au long du mois de mars 2017).

L'analyste de SFG complète son évaluation en regroupant un ensemble diversifié de multiples, tant d'EBITDA que de DAU, rencontrés pour les entreprises cotées ou ayant fait l'objet de transactions, tant en projection dans les années futures que pour le passé, c'est-à-dire multiples qui prévalaient au moment où ces entreprises en étaient au stade présent de développement de Snap. Cela donne des fourchettes de prix entre 15 \$ et 23 \$ sur base de l'EBITDA, et 11 \$ et 27 \$ sur base du DAU.

L'analyste d'Aegis, dans sa partie évaluation, fait une étude plus sommaire en termes de multiples : il retient conventionnellement un multiple de 9X pour le chiffre d'affaires, et – plus agressif – de 40X pour l'EBITDA. Et il l'applique cette fois aux agrégats respectifs de Snap qu'il aura projetés à 2020. Le retour au présent se fait à des taux d'actualisation curieusement différents : au taux de 17 %, coût des fonds propres de l'entreprise, pour l'évaluation en proportion du chiffre d'affaires, et de 13,4 %, niveau du coût du capital ou *wacc*[1] – qu'il nous faudra aussi commenter – pour celle en proportion de l'EBITDA. Il obtient une valeur de l'action respectivement égale à 22 \$ et 20 \$.

Les analystes de Morgan Stanley et de Citi ont une approche similaire, consistant là encore à bâtir un plan d'affaires argumenté sur la période 2017-2021. Ils regardent plus précisément le chiffre d'affaires de 2018, avec une estimation assez optimiste dans le cas de Citi, beaucoup moins dans le cas de Morgan Stanley, près de 20 % plus bas. Mais ceci est compensé par le choix du multiple de chiffre d'affaires : forfaitairement assez haute à 19X pour l'analyste de Morgan Stanley, ce qui donne une valeur de l'action de 28 \$, et plus basse à 13X pour celui de Citi, soit 22,70 \$ l'action.

Tous les analystes développent abondamment d'autres considérations qui peuvent peser sur la valeur en plus ou en moins : valeur de Snap

1. *Wacc* en anglais pour *weighted average cost of capital*, ou coût moyen pondéré du capital (CMPC).

en cas de cession stratégique ; structure de gouvernance totalement inédite (encadré 18) puisque les investisseurs qui ont acheté l'action Snap se voient dépourvus de tout droit de vote. Devenus de simples investisseurs passifs, ils sont moins bien servis du point de vue des droits de contrôle que le serait un investisseur en titres de dette.

Encadré 14 : Complément sur les comparables appliqués à l'industrie numérique

On recourt fréquemment à des multiples d'indicateurs non comptables pour l'économie numérique. Ce sont, avec de multiples précautions à lever au terme d'une analyse empirique, de bons « proxys », c'est-à-dire de bons substituts pour décrire l'activité de l'entreprise. Pour les plate-formes numériques, le plus fréquemment rencontré est le multiple de DAU, nombre d'usagers actifs par jour.

On a beaucoup fustigé les évaluateurs lors de la bulle internet des années 2000 pour leur imagination débordante en matière de multiples : par exemple, on ne retenait pas le DAU mais parfois simplement le nombre de clics par jour.

La critique est sévère, à la fois parce que le nombre de clics peut avoir une pertinence – il en avait pour Amazon à ses débuts ! – et pour une raison moins avouable : il vaut mieux, dans certains cas, un mauvais référent que pas de référent du tout, ne serait-ce que pour fixer des ordres de grandeur chez les participants au marché, sans lesquels il est difficile qu'il y ait des échanges. L'essentiel, sur ce chemin dangereux, est d'être capable de changer très vite de convention de valeur si celle-ci est prise en défaut. Mais on n'évite pas, à cette occasion, les phénomènes de bulle.

On voit rarement un multiple pourtant très fréquent en analyse financière classique : celui rapportant la valeur financière de l'entreprise (c'est-à-dire la valeur totale des titres financiers, de dette et de fonds propres, écrits sur l'entreprise) à la valeur au bilan de ces mêmes titres, ce qu'on appelle le *price-to-book* sur les actifs ou *q* de Tobin[1]. Ce multiple indique ce que vaut, sur le marché, un euro de fonds levés dans l'entreprise en fonds propres ou en dette. Si l'euro que j'ai investi et qui figure sur le bilan vaut davantage qu'un euro sur le marché (*q* de Tobin supérieur à 1), c'est

1. Plus rigoureusement, le *q* de Tobin rapporte la valeur de marché de l'entreprise à la valeur de remplacement des actifs qui la composent, qui n'est pas toujours la valeur qui figure au bilan.

le signe qu'il y a eu une « création de valeur » au niveau de l'entreprise et qu'il est intéressant de continuer à y investir.

Dans les entreprises du numérique, cet indicateur est d'un usage délicat, en raison de l'importance de l'incorporel. Pour Snap, par exemple, le montant des actifs économiques au bilan à fin 2016 est de 246 M$, dont 69 M$ uniquement d'actifs corporels enregistrés au bilan. (Il y a, par ailleurs, avant la mise en Bourse un montant de 939 M$ de cash). Avec cette mesure, le *q* de Tobin de Snap s'élève à près de 130X. La création de valeur est immense : un dollar de fonds levés à fin 2016 (et restant au bilan une fois les pertes assumées) vaut 129 $ aujourd'hui. On mesure ici à plein l'effet de l'*asset light*. Il serait plus précis, pour mesurer la performance moyenne des actions à ce jour, de comparer la valeur de l'entreprise au total des fonds levés depuis l'origine.

L'évaluation par la DCF

Il fut un temps où les évaluateurs avaient une interprétation très différente des concepts. Ce n'est plus le cas aujourd'hui, les formations en finance ayant aidé au formatage, peut-être à l'excès, de la méthode DCF[1]. Quatre des analystes ont donc ici les mêmes définitions et se calent sur les mêmes chiffres 2016 (l'analyste de SFG ne fait pas de DCF). Chacun d'eux élabore son propre plan d'affaires de l'entreprise, et le fait en cohérence avec les projections utilisées pour l'analyse par les multiples.

Il leur faut compléter les hypothèses opérationnelles par trois paramètres plus techniques, essentiels pour le calcul financier de la DCF (encadré 15) : l'horizon de temps sur lequel se déroule le plan d'affaires, le taux d'actualisation et le taux de croissance du flux de trésorerie terminale au terme du plan d'affaires (dit taux de croissance à l'infini). C'est ici que les analyses sont divergentes, comme on en juge sur le tableau suivant, qui reporte aussi l'évaluation finale retenue :

1. Ceci n'est nullement le signe que la théorie financière de l'évaluation soit stabilisée, loin de là. Mais le consensus méthodologique aide à se concentrer sur l'essentiel, qui est le plan d'affaires.

Tableau 7

Entité	Date de la publication	Année terminale du plan	Coût du capital	Croissance à l'infini	Coût corrigé de la croissance (***)	Prix de l'action résultant
FNB	9 mars	2033	10,3 %	4,5 %	5,8 %	23 $
Aegis	7 mars	2026	13,4 %	3,0 %	10,4 %	24 $
Morgan Stanley	28 mars	2025	8,0 %	3,5 %*	4,5 %	28 $
Citi	27 mars	2027	9,0 %	2,4 %**	6,6 %	27 $

Source : Rapports d'analyse des sociétés.

NB : (*) correspondant à 13,9 × EBITDA terminal ; (**) correspondant à 10 × EBITDA terminal ; (***) coût du capital moins croissance à l'infini.

On observe ainsi :

- Les plans d'affaires ont une durée très longue, autour de 10 ans, voire 16 ans pour l'analyste de FNB, même si chacun des analystes prend le soin de limiter à un horizon plus court (autour de 2020) la partie détaillée du plan, la suite étant une simple prolongation de tendance, comme le permet commodément le recours à un tableur de type Excel. Pourquoi cet horizon long ? La raison est double : tout d'abord, les premiers flux de trésorerie sont très négatifs, suivant le profil de courbe en J de la profitabilité de ces entreprises. Avec un horizon court, la valeur actualisée des flux de trésorerie – ceux qu'on modélise avec le plus de soin parce qu'ils sont les plus proches, et donc les mieux prédictibles – serait négative, alors que la partie « valeur terminale » porterait non seulement le gros de la valeur, mais beaucoup plus que 100 % de la valeur. Étirer le plan d'affaires très longtemps masque cette réalité, une contrainte dans ce type d'évaluation. La seconde raison est que l'entreprise va poursuivre une croissance très forte bien au-delà des 4 ou 5 premières années, c'est-à-dire à un taux bien plus élevé que le taux retenu pour la croissance à l'infini. Allonger le plan semble aux analystes la façon la plus commode de régler cette difficulté.

- Les taux d'actualisation divergent sensiblement entre 8 % et 13,4 %. L'écart n'est pas négligeable : selon qu'on prenne une borne ou l'autre de cet intervalle, la valeur varie des deux tiers !
- Le taux de croissance à l'infini s'étage entre 2,4 % et 4,5 %, avec des effets importants là encore sur le résultat final de l'évaluation. Le taux de 2,4 % peut paraître faible si jamais l'économie est sur une tendance d'inflation de 2 % l'an, puisque cela ne laisse qu'une croissance « réelle », homogène à la croissance du PIB, de 0,4 %. Mais c'est une croissance importante si l'inflation est destinée à demeurer à zéro. Il n'y a pas moyen de trancher intellectuellement sur ce qu'est un « bon » taux de croissance à l'infini. On reste ici encore dans le domaine de la convention, mais il importe de bien rendre explicite l'hypothèse.
- Comme on le voit dans l'encadré 15, un élément déterminant du calcul de la valeur terminale est la différence entre le taux d'actualisation et le taux de croissance à l'infini, plus que chacun d'eux pris individuellement. Le tableau montre qu'il est du même ordre de grandeur chez tous les analystes, sauf pour celui d'Aegis qui retient, au final, un taux de 10,4 %. Comme cet analyste arrive à une valeur de l'action à peu près identique au final, c'est l'indice que son plan d'affaires est beaucoup plus optimiste que celui des autres et qu'il a peut-être été pris de peur devant son optimisme.

Sur la malléabilité des prévisions

Quel est, en effet, le résultat en termes de prix par action ? Les évaluations des deux premiers analystes figurant dans le tableau, FNB et Aegis, avec respectivement 23 $ et 24 $, sont à peine plus élevées que le prix courant en Bourse au cours du mois de mars. Morgan Stanley et Citi, dont on rappelle que leurs analyses datent de la fin mars, c'est-à-dire au moment où l'action s'était installée de façon plutôt stabilisée autour de 22 $, sont respectivement de 28 $ et 27 $.

Encadré 15 : Les paramètres techniques d'une DCF

La valeur fondamentale de tout actif financier – et ici l'entreprise est considérée comme n'importe quel actif financier, représentée par les titres émis pour la financer, actions, obligations ou prêts – est la somme actualisée des flux de revenus qu'il rapporte.

Le plan d'affaires a pour objet d'estimer les flux de revenus, qu'on peut définir comme ce que l'entreprise peut distribuer à ses investisseurs, actionnaires ou créanciers, sans remettre en cause sa croissance. Il s'agit donc de ses flux de trésorerie (EBITDA) après prise en compte de l'impôt payé et des dépenses d'investissement, en capital fixe ou circulant, pour assurer cette croissance (voir note 3, page 116). Ce qu'on appelle les flux nets de trésorerie, F symboliquement. Voilà pour la partie opérationnelle.

Le premier paramètre financier important est le taux d'actualisation ou coût du capital, par lequel on ramène les flux futurs à leur valeur actuelle. Désignons-le ici par r.

Un cas très simple, et important pour la suite, sera celui où l'entreprise connaît une croissance constante « jusqu'à l'infini », puisqu'alors la formule d'évaluation de l'entreprise répond à une formule très commode (en désignant par g le taux de croissance et par F le flux net de trésorerie de l'année qui vient) :

$$\text{(1) Valeur de l'entreprise} = \frac{F}{r-g},$$

relation dite de Gordon-Shapiro, qu'on retrouve aisément par un raisonnement financier simple[1]. Si le flux de l'année qui suit la date d'évaluation

1. La formule découle d'un raisonnement d'arbitrage. Soit V la valeur aujourd'hui de l'entreprise (inconnue) sur une tendance de croissance g. Elle versera l'année qui vient un flux F à ses investisseurs. Dans un an, il s'agira de la même entreprise, mais qui versera alors sur l'année qui vient un flux $F(1 + g)$. La valeur anticipée de l'entreprise dans un an, toutes choses égales par ailleurs, sera donc $V_1 = V(1 + g)$. Il doit être équivalent pour un investisseur, à moins d'ouvrir une opportunité d'arbitrage, de placer son argent au taux de rendement escompté r pendant un an (dans un actif de la même classe de risque que l'entreprise) ou bien d'acheter des droits financiers sur l'entreprise (par exemple des actions) et de les revendre au bout d'un an. Cette seconde opération rapporte F, le flux de trésorerie de l'année, plus la plus-value sur les droits financiers, c'est-à-dire $V_1 - V = gV$.
À l'équilibre, on a : $r = \frac{F + gV}{v}$, ce qui établit la relation $\frac{F}{r-g}$.

est de 100 M€, que le coût du capital est 8 % et que la croissance anticipée dans le futur est de 3 %, la valeur de l'entreprise sera, selon cette formule, de 100 ÷ 5 % = 2 000 M€.

L'évaluateur ne bâtit pas, bien sûr, un plan d'affaires jusqu'à l'infini. Ce qui introduit le deuxième paramètre important de toute DCF : l'année terminale, celle à laquelle s'arrête le plan.

La valeur de l'entreprise comprendra alors la somme des flux sur la durée du plan, à laquelle il convient de rajouter la valeur de l'entreprise au terme de ce plan. La pratique courante des évaluateurs est de postuler que cette valeur dite terminale répond à la formule de Gordon-Shapiro. On estime donc le flux de trésorerie F de l'année qui suit l'année terminale, et on le divise par le coût du capital corrigé du troisième paramètre, le taux de croissance terminal à l'infini.

En clair, partant pourtant d'hypothèses financières et opérationnelles très différentes, il y a convergence des évaluations. Ce n'est pas par hasard et cela relève de la psychologie des investisseurs et des analystes – et de chacun de nous pour être francs. Les analyses faites au début mars convergent sur la valeur de 22 $. Or, ce 22 $ est à peu près la valeur qu'a prise le cours de Snap après deux ou trois jours de cotation. Une fois qu'il a été montré que le cours tenait à ce niveau de 22 $, il a été possible d'être plus optimiste et de se risquer à une appréciation plus haute de la valeur de Snap. À la vérité, soit les analystes ont intériorisé la valeur donnée par le marché ; soit, et c'est le plus probable, il s'est formé un consensus général qu'on va décrire à présent.

La sophistication déployée laisse en effet à l'évaluateur ordinaire cette impression : c'est comme si les paramètres de l'évaluation avaient été assemblés pour faire que le modèle converge vers une valeur connue par avance, comme si dans l'équation $V = \ldots$, l'inconnue n'était pas V, mais ce qu'il convient de mettre à droite du signe égal. Cela montre la malléabilité, largement inévitable, des méthodes financières d'évaluation, confirmant que l'usage de l'outil est plus politique, plus dans le cadrage des anticipations et de la négociation, que dans une proposition de valeur future. Car c'est déjà une performance que de savoir remplir ce premier rôle. Il importe donc de ne pas se leurrer sur la scientificité des outils, ceci valant autant – sinon en importance du moins sur les principes – pour l'évaluation des entreprises traditionnelles à la visibilité mieux assise.

Les analystes sont conscients de cette limite, ce qui les conduit alors à un exercice obligé, mais au contenu informationnel assez réduit : l'exercice de sensibilité. Il ne s'agit pas de présenter un scénario stratégique différent, mais seulement de faire varier les paramètres techniques de l'évaluation : taux d'actualisation et croissance à l'infini pour la DCF, ou les différents multiples dans le cas des comparables. Mais ici, dans une annexe en petites lettres du document, on ouvre le regard sur le vide sidéral qu'impose l'incertitude de l'évaluation. Prendre un multiple de 4,5X au lieu de 9X pour le multiple des ventes fait en effet baisser la valeur estimée de l'action de 50 %, c'est-à-dire de 15 Md€ pour la valeur de Snap.

Pourquoi donc y a-t-il eu au début du mois de mars 2017 ce consensus à 22-23 $ tant des marchés que des analystes, niveau qu'on peut appeler une « reprise de souffle » ? Le mieux assuré concernant Snap est qu'il y a un scénario où il arrive à s'imposer comme concurrent (mineur) de Facebook, et un scénario où il n'y arrive pas. Libre à chacun, à partir de là, de faire son pari sur l'une ou l'autre des faces de la pièce. Les actionnaires de Snap ont fait ce calcul. Leurs banques d'investissement aussi, un exercice qui a eu sa part d'évaluation, et donc de négociation tendue[1]. Le prix d'introduction comporte une

1. Les banques d'investissement de Wall Street sont dans une situation d'oligopole, si l'on en croit Cohan (2016) dans la revue *Fortune.* Une conséquence est d'alourdir les frais de mises en Bourse pour les sociétés. Mais cette « organisation » du marché offre l'avantage aux sociétés qui vont en Bourse d'« imposer un prix », que peu se permettent de discuter à court terme. D'autant plus que les grands institutionnels, clients choyés des banques, ont tous participé à l'IPO au prix d'introduction initial, donc décoté, ceci aux dépens des « petits » investisseurs qui n'ont pas pu être servis dans leurs demandes de titres. Cela fait partie des pratiques de Wall Street, choquantes, dénoncées depuis la crise financière de 2008, mais qui demeureront tant qu'un régulateur, et des politiques qui l'appuieront, n'y mettront pas leur nez.

décote qui fait partie des choses acquises : Snap a été mise en bourse à 15 $ l'action pour finir le même jour à 24,44 $, pour une stabilisation un peu plus bas ensuite[1]. Autrement dit, sauf accident, le prix initial atteint après équilibre du marché est le « bon prix », ce qui installe une nouvelle forme de convention.

Le verdict viendra vite, au regard de l'indicateur principal reporté dans le graphique 4 comparant Snap et Instagram : si la pénétration d'Instagram poursuit sur sa lancée et que Snapchat accuse un retard, ce pourrait être le signe du décrochage de Snap, et le cours boursier enregistrera une lourde chute[2]. Certains se gausseront alors des bulles venues de la Silicon Valley. À tort. Il s'agit d'un pari où le côté pile est un scénario à la Facebook, et le côté face une perte sur la mise. Pour un investisseur au portefeuille bien diversifié, le pari peut être tenté. D'autant qu'il peut couvrir ce pari sur Snap en achetant également le titre Facebook. L'échec de Snap confirmera, à son profit, l'hégémonie de Facebook. Ce sera à d'autres que lui de s'inquiéter de la mainmise impériale de Facebook sur le monde du numérique.

Notons enfin la claire aversion au risque de la part des analystes financiers face à la difficile tâche d'évaluer les licornes, le souvenir des excès de la bulle internet autour des années 2000 restant brûlant. La prudence est de règle. D'autant que Facebook, qui est le modèle qui guide l'évaluation de Snap, était rentré en bourse (en 2012) à un moment où il était déjà profitable avec un EBITDA de 2,3 Md$ et un taux de marge déjà à 62 %. Snap en est loin. Si l'analyste (de SFG)

1. À plus de 50 % dans le cas de Snap, cette décote est probablement un peu forte. Elle est habituellement de l'ordre de 20 à 30 %. L'objectif est de montrer au marché une dynamique ascendante du prix, ce qui augmente les chances d'une bonne trajectoire par la suite. La banque d'investissement introductrice a donc intérêt à un prix bas pour s'assurer de la réussite du placement, ce qu'elle compense par des commissions élevées, de l'ordre de 6 % à Wall Street du montant placé.
2. C'est bien ce qui s'est passé. Au moment où cet ouvrage va sous presse, le cours de Snap est revenu à 15 $, niveau de l'introduction en Bourse.

qui a fixé à 39 $ le prix de l'action dans le scénario haut où Snap suit la trajectoire de Facebook avait simplement pris un taux d'actualisation de 13 %, comme l'un de ses collègues, plutôt que le niveau de 25 % qu'il retient, la valeur de l'action aurait été de 53 $, c'est-à-dire une capitalisation de Snap de 75 Md$. On prend peur devant de tels chiffres. Le taux d'actualisation devient un commode levier de prudence. Parce que, comme le signale Simon (2016) dans un rapport fait sur l'économie numérique pour l'Union européenne, et Albouy (2016) à propos de Yahoo!, les exemples abondent d'effondrements boursiers, y compris suite à une IPO réussie.

C'est la valeur terminale qui compte. La méthode de la marche arrière

L'analyse précédente montre, au final, qu'il y a des différences plus de degré que de nature entre l'évaluation d'une jeune startup et l'évaluation d'une société du numérique valant 30 Md$. Pour reprendre, en résumé, ce qu'elles ont en commun :

1. Des revenus futurs très incertains.
2. Les premières années font souvent état de pertes d'exploitation significatives. La rentabilité est repoussée à une période à la fois lointaine et incertaine.
3. Le taux de croissance du chiffre d'affaires peut être extrêmement fort, ce qui est propre à toute startup qui réussit – les autres ont du mal à lever du capital et ne sont en général plus là –, mais particulièrement à celles du numérique, en raison des effets de réseau parfois explosifs (*cf.* encadré 16 sur les paradoxes auxquels ces deux derniers points conduisent).

Les professionnels de l'évaluation, notamment Damodaran (2010) et surtout Goedhart, Koller et Wessels (2016), recommandent ce que l'auteur appelle ici la « méthode de la marche arrière », une méthode qui a d'ailleurs été plus ou moins employée par l'un des analystes boursiers dans le cas de Snap. De quoi s'agit-il ? Dans l'évaluation classique par la DCF, ou encore dans l'approche mixte combinant comparables et projections dans le futur, on est « prospectif » : année après année sur la durée du plan d'affaires, on tente de déterminer les agrégats financiers les plus pertinents de l'entreprise, en pratique les éléments d'exploitation et d'investissement qui permettent de calculer les flux de trésorerie de demain. Et au terme du plan, on détermine ce qu'est la valeur terminale, par des moyens qu'on a vus assez forfaitaires.

L'approche recommandée est différente. Oublions, dit-elle, de dérouler des projections loin dans le futur, surtout si on le fait en « tirant » des cases d'un tableur Excel : qui sait raisonnablement pour ces entreprises de quoi demain sera fait ? On renverse la logique en partant de ce que peut être une situation de l'entreprise dans un futur où elle sera à maturité et « établie ». Plutôt que de dire « On estime le plan d'affaires sur 4 ou 5 ans. Au-delà, c'est trop difficile à estimer ! », c'est cet au-delà qu'il faut particulièrement regarder. Les premières années sont vitales pour le fondateur-dirigeant, mais secondaires pour l'évaluateur, si ce n'est au fil du temps comme indicateur de la réussite ou de l'échec du projet. Et si la maturité ne doit être atteinte qu'au bout de 8 ou 10 ans, cela ajoute à l'incertain et renforce la probabilité d'un scénario d'échec, mais il faut en tenir compte.

La recommandation est donc de bâtir le scénario terminal sur une base stratégique solide. Car c'est au final celui qui compte. Puis de partir en marche arrière en construisant ce que peut être le cheminement de l'entreprise, notamment les investissements à entreprendre, pour arriver à cette cible. Rien d'autre qu'un plan d'affaires à rebours. Comme il y a quantité de futurs possibles, il ne faut retenir que deux ou trois scénarios finals, les plus saillants, sachant que l'esprit humain n'arrive plus au-delà à maîtriser intellectuellement ce qui se passe. On y attache alors des probabilités de réalisation, qui sont, bien sûr, subjectives mais complètement explicitées. On peut, au final, faire la moyenne pondérée des valeurs obtenues, en laissant toutefois explicite le déroulé de chacun des scénarios[1]. La clé est de « rétropoler » plutôt que d'extrapoler. Pour résumer, on s'intéresse davantage à la « valeur terminale », ou plutôt aux valeurs terminales possibles, et moins aux flux d'exploitation intermédiaires.

À la différence de la recherche faite par l'analyste de SFG, qui suit à peu près cette approche, les exercices habituels d'évaluation sont souvent décevants : on prend un multiple haut et un multiple bas, et on fait la moyenne. Un autre multiple haut et bas, encore la moyenne. Puis la moyenne de la moyenne. Mais la moyenne n'est qu'une fiction d'investisseur insensible au risque. À force de « moyennage » à chaque étape de l'exercice, le résultat n'a plus de sens ni économique ni financier et ne joue pas son rôle de stimulant à la réflexion stratégique, ce que Rerolle et Bacqueroet (2017) appellent « l'intelligence de la valeur ».

On montrera après, à titre illustratif et « désengagé », ce que peut donner cette méthode s'agissant de l'évaluation d'Uber.

Encadré 16 : Une double complexité : des pertes abyssales, dans les premiers temps, et une croissance échevelée

1- L'évaluation « classique » modélise très soigneusement le plan d'affaires, ce qui a une grande vertu, on l'a vu. Elle en tire la valeur présente des profits sur cette période du plan. De la même façon, elle estime la valeur terminale, mais de façon beaucoup plus sommaire. Le résultat ne laisse pas de décontenancer : la valeur terminale, au terme de l'exercice, fait de l'ordre de 70 à 80 % de la valeur totale, alors que c'est la partie qui se prête le moins à la discussion. C'est pire encore quand l'entreprise accumule les pertes lors des premières années du plan d'affaires : la valeur terminale, quand l'entreprise arrive enfin à la profitabilité, peut représenter alors jusqu'à deux fois la valeur finale de l'entreprise. Clairement, on ne peut plus se satisfaire d'un traitement forfaitaire de cette valeur terminale. C'est elle qui doit être le centre de l'attention de l'évaluateur. La méthode de la marche arrière le permet.

1. Pondérée par les différentes probabilités de réalisation.

2- Une croissance très rapide pose un autre type de problème à l'évaluateur. Si, par exemple, le taux d'actualisation est de 5 %, le profit d'une année dans le futur, un peu comme un ballon qui se dégonfle qui se dégonfle « déflaté » au rythme de 5 % chaque année qui le ramène à la date présente, par exemple deux fois 5 % pour le profit de l'année *n* + 2. Le ballon dégonflé est la valeur actuelle du profit. Mais si le taux de croissance est de 12 %, le ballon gonfle en même temps qu'il se dégonfle, et l'effet net est un rythme positif de 12 – 5 = 7 %. On additionne ainsi des profits de plus en plus gros en valeur actuelle et la valeur de l'entreprise, c'est-à-dire la somme de tous ces profits, devient infinie, ce qui est contradictoire.

La formule de Gordon-Shapiro vue précédemment illustre bien cette contradiction. On divise le flux de trésorerie par le coût du capital net du taux de croissance *r* – *g*. Si jamais la croissance se rapproche du taux d'actualisation, la valeur devient très grande. Et si la croissance dépasse le taux d'actualisation, la formule part dans les décors, la valeur devenant... négative.

Il est de bon sens de juger que la croissance s'arrêtera un jour ou, en tout cas, redeviendra inférieure au taux d'actualisation. À défaut, un Amazon dévore la terre entière. Traditionnellement, les évaluateurs définissent deux régimes : ils retiennent la croissance anticipée sur la période du plan d'affaires et retiennent une croissance plus raisonnable, en cohérence avec la croissance d'ensemble de l'économie, pour les profits au-delà de ce terme, pour le calcul de la valeur terminale.

C'est une approche différente qui est recommandée ici, consistant à commencer à modéliser soigneusement la valeur terminale, pour l'actualiser ensuite. D'une certaine façon, le modèle dit de *Bates* (*cf.* Chaussard, 2012), utilisé dans le cas de croissance très forte, n'est pas si éloigné de cette recommandation.

La trajectoire conduisant à la valeur terminale

Le bon sens préfère, en univers incertain, ne pas se perdre dans un luxe de détails, mais isoler les deux ou trois paramètres opérationnels clé, les pilotes de la valeur *(value drivers)*, ceux qu'aiment bien suivre les contrôleurs de gestion quand ils fabriquent le tableau de bord à destination des dirigeants de l'entreprise. On a vu, pour les réseaux sociaux du type Snap – du moins avant qu'ils deviennent des plateformes numériques à la Facebook ou Amazon –, que les revenus reposent aujourd'hui essentiellement sur le couple DAU / ARPU. Ce sont donc les indicateurs à affiner et sur lesquels les scénarios doivent reposer.

On en revient à l'origine du plan d'affaires dans la DCF : il s'agit d'un « modèle réduit », d'une maquette censée donner un cadre structuré de compréhension. Un tel modèle se conforme au principe de parcimonie : quelques paramètres clés, jamais trop, l'origine du revenu, le coût de distribution, le coût d'accès à des technologies externes, l'investissement en R&D, guère plus. Et c'est ce modèle qui servira pour tester les hypothèses structurantes de la stratégie, plus importantes au final que les inévitables scénarios sur les hypothèses financières, le taux d'actualisation ou le taux de croissance au terme du plan.

Le débat sur le taux d'actualisation

La pratique est bien établie en évaluation classique : le taux d'actualisation pour les fonds propres est le taux d'intérêt dit sans risque – en pratique, le taux d'intérêt sur le risque souverain à 10 ans – auquel s'ajoute une prime de risque. Cette prime repose sur le modèle standard des marchés à l'équilibre, consistant à retenir la prime de risque moyenne des marchés d'actions, affectée d'un coefficient de risque, le *beta,* qui mesure la corrélation entre le rendement du secteur ou l'entreprise en particulier et le rendement moyen du marché actions, une méthode qu'on sophistique parfois en ajoutant d'autres déterminants au *beta,* tels la liquidité, la taille, ou des éléments macroéconomiques[1].

Si jamais l'entreprise ne se finance pas exclusivement par fonds propres, mais aussi par dette, il faut tenir compte aussi du coût de la dette, de même que de la fiscalité, qui favorise, en général, le

1. *Cf.* Vernimmen (2017) pour une présentation théorique simple.

financement par dette plutôt que par fonds propres. Le taux d'actualisation des flux d'exploitation futurs, dit coût du capital ou *wacc,* est un coût moyen pondéré des deux sources de financement, élevé pour les fonds propres, les plus risqués, moins élevé pour le coût de la dette. Attention toutefois, une hausse de l'endettement de l'entreprise ne fait pas diminuer pour autant le coût du capital : elle rend les fonds propres et la dette plus risqués, de sorte que le coût pondéré résultant ne bouge pas, ou très peu[1].

S'agissant des entreprises du numérique, le manque d'historique et de sociétés cotées nombreuse, rend difficile d'obtenir des *beta* stables. Et quand il s'agit d'entreprises non cotées où les fondateurs jouent un rôle très important, il n'y a pas de diversification possible des actionnaires, ce qui est pourtant la base de la théorie du risque sur des marchés à l'équilibre[2].

Là encore, territoire inconnu. Certains analystes ne s'embarrassent pas : ils prennent le coût du capital moyen sur les marchés actions et rajoutent un coup de pouce forfaitaire. On a vu dans les analyses boursières précédentes qu'un taux d'actualisation pouvait être à

1. Le modèle standard des marchés financiers à l'équilibre prend bien en compte qu'une société très endettée est plus risquée, au sens de probabilité de faillite, qu'une société peu endettée. Son *beta* est donc plus élevé. De sorte que la réduction du coût de financement lié à un coût de la dette plus bas (parce que moins risqué et subventionné par le régime fiscal) est effacée par l'accroissement du risque sur les fonds propres. Sous les hypothèses du résultat de Modigliani-Miller, le coût du capital n'est au total pas affecté, si ce n'est par la non-neutralité fiscale sur le mode de financement.
2. Damodaran (2010) rappelle : *« Les fonds propres d'une jeune entreprise sont souvent détenus par des investisseurs qui sont soit totalement immergés dans la société (les fondateurs), soit très partiellement diversifiés (les VC). On a donc du mal à les convaincre que le seul risque qui importe est le risque qu'on ne peut pas diversifier. Au contraire, ils vont demander une rémunération pour au moins une partie du risque spécifique. »* On n'est pas ici en contradiction avec cette proposition. Simplement, le risque dit spécifique est traité au niveau des scénarios et non du taux d'actualisation.

25 %, à 17 %, à 13 % ou à 10 % sans ciller, ceci à partir du même jeu d'observations de sociétés cotées dans le secteur de Snap[1].

À nouveau, convention pour convention, il convient qu'elle soit fixe, c'est-à-dire qu'on compare les sociétés en quelque sorte « à erreur d'actualisation identique ». Sur base d'interviews avec les spécialistes de l'évaluation cités en tête du livre, on recommande de retenir comme taux d'actualisation sinon le taux sans risque, du moins le taux d'actualisation moyen du marché, de l'ordre de 8 à 9 % en mars 2017, ce qui est assez proche du coût du capital observé *a posteriori* pour les grandes sociétés numériques cotées[2]. Et de reporter complètement l'incertain sur les scénarios, c'est-à-dire sur les flux de trésorerie, ce qu'on appelle la méthode de l'équivalent certain[3].

1. On notera que la mise en Bourse de Facebook en 2012 s'est faite dans un contexte où la société était déjà profitable, avec un EBITDA de 2,3 Md$ et un taux de marge de 62 %. Du coup, les analystes ont moins ressenti le besoin de prudence que dans le cas de Snap et ont retenu des taux d'actualisation très proches de ce qui est recommandé ici. Parmi les analyses boursières publiées au moment de l'IPO de Facebook et consultées par l'auteur, le taux d'actualisation est de 11 % (JPMorgan Chase & Co), 9 % (Macquarie), 11,5 % (Morgan Stanley), 13 % (Pivotal).
2. Le coût du capital de Facebook est de 9,9 %, celui de Twitter de 11,3 %, celui d'Alphabet de 10,6 %. Source : Aegis (2017). Une autre erreur souvent commise est d'introduire, dans le coût du capital, celui de la dette, comme si les entreprises du numérique devaient à terme converger vers une structure financière « classique », disons un tiers de financement par dette, deux tiers par fonds propres. C'est faux, comme on l'indique dans l'encadré 19. Ces entreprises sont structurellement en situation de trésorerie positive. Le coût du capital peut donc être directement assimilé au coût des fonds propres, voire lui être supérieur.
3. Soit un flux incertain de valeur moyenne $F = 100$ dans un an, mais affecté d'un risque caractérisé par une prime de risque δ. Il est (à peu près) équivalent de calculer la valeur présente de F comme $\frac{F}{1 + (r + \delta)}$ classiquement, ou bien comme $\frac{F\,(1 - \delta)}{1 + r}$, où r est le taux sans risque ou, comme suggéré ici, le coût moyen du capital pour les entreprises du numérique. La quantité $F(1 - \delta)$ est appelée l'équivalent-certain du flux F.

En pratique, on élabore plusieurs scénarios, focalisés sur la « valeur terminale », affectés chacun d'eux d'une décote pour risque, qu'on actualise avec le coût du capital moyen du marché pour ces entreprises. En bref, on met une grande partie du risque dans le numérateur, à savoir les flux de trésorerie et la valeur terminale, plutôt qu'au dénominateur, dans le taux d'actualisation. Il va sans dire que les probabilités de différents scénarios sont subjectives, et relèvent de l'appréciation de l'évaluateur, quitte à ce qu'il en change si l'environnement vient à se modifier.

Encadré 17 : Le coût du capital en période de taux bas

Nous vivons une période de taux d'intérêt historiquement bas, dont il semble qu'elle ne soit pas due à des facteurs conjoncturels, telles des politiques monétaires particulièrement laxistes. Si l'on suit le graphique 6, elle renverrait plutôt à une tendance plus lourde des grandes économies, observée depuis le début des années 1990.

Graphique 6 : Taux d'intérêt réel et nominal depuis 1990

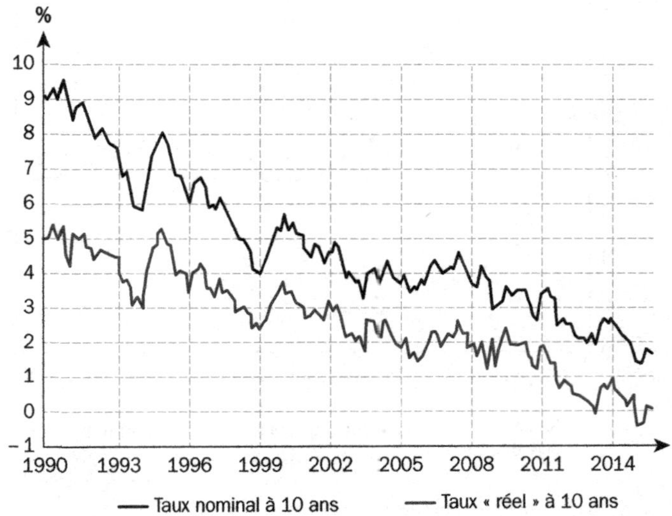

Les courbes font figurer la moyenne des taux d'intérêt à 10 ans sur la dette publique des 20 plus grandes économies, pondérée par leur PIB.

Sources : IMF, DataStream, Consensus Economics.

Quelle qu'en soit la cause, cela complique singulièrement la tâche de l'évaluateur. Le coût du capital va-t-il suivre le même chemin et donc les taux d'actualisation devraient-ils être fortement ajustés à la baisse ? En effet, si le taux dit sans risque – disons le taux des emprunts d'État français à 10 ans – est à 1 % (son niveau au printemps 2017) et que la prime de risque du marché actions est de l'ordre de 6 %, le coût des fonds propres est en moyenne égal à 7 %, et compte tenu du coût de la dette, le coût du capital (le *wacc*) ressort à 3 ou 4 %, bien loin des déflateurs retenus dans les exercices d'évaluation des entreprises du numérique. Est-ce le cas ?

La réponse est négative. Ce qui est perdu par le taux sans risque est regagné par la prime de risque du marché actions, qui est désormais bien plus élevée que 5 %, et plutôt de l'ordre de 8 %. Le graphique suivant, tiré du Vernimmen 2017, fait figurer la rentabilité économique des grands groupes européens cotés (EBIT sur valeur d'entreprise) ; et de l'autre le coût du capital, c'est-à-dire la moyenne du coût de la dette, évidemment en très forte baisse, et du coût des fonds propres.

Graphique 7 : Coût du capital, rentabilité économique et évolution des cours boursiers

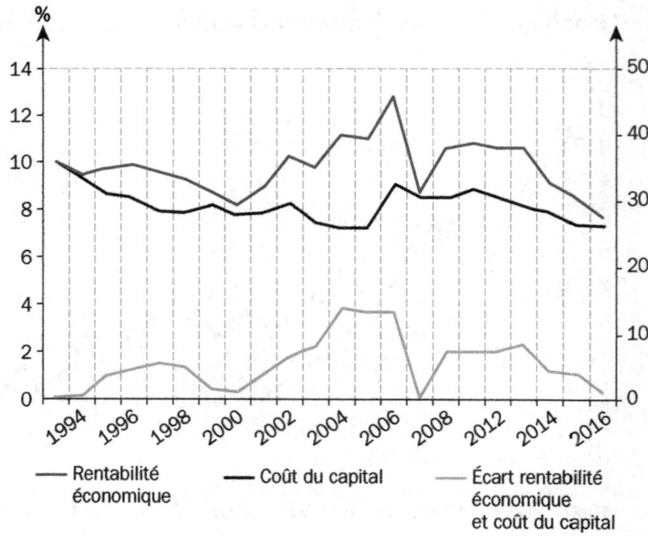

Source : Vernimmen 2017, données Exane BNPP.

NB : Coût du capital et rentabilité (échelle de gauche) ; cours boursiers, Eurostoxx 500 (échelle de droite).

Deux choses à relever :

- le coût du capital est assez stable avec un très léger déclin tendanciel, sans commune mesure toutefois avec la baisse du coût de la dette ;
- la rentabilité économique est plus volatile, marquée par les cycles conjoncturels, mais au total stable en niveau. Lorsqu'elle dépasse le coût du capital, en raison du surprofit enregistré par les entreprises, cela provoque naturellement une montée des cours boursiers.

C'est donc cette stabilité qui assure la relative constance du coût du capital : il y a certes baisse du taux d'intérêt, mais en même temps hausse significative de la rentabilité des fonds propres et donc de la rentabilité attendue par le marché (pour rappel, coût du capital et rendement du capital sont les deux faces d'un même phénomène, observé du point de vue du directeur financier pour le premier, des apporteurs de fonds pour le second). Beaucoup d'économistes attribuent cette compensation à une forte montée de l'aversion au risque des investisseurs de par le monde. Elle provoquerait une ruée sur les actifs sans risque – par exemple, les obligations souveraines – et, par voie de conséquence, un retrait des investissements plus risqués, dont le coût financier alors s'élèverait.

La révolution numérique porte sa responsabilité dans ce phénomène, dans une logique plus keynésienne, proche de la thèse de la « stagnation séculaire » (*cf.* Summers, 2016, pour un exposé grand public). La numérisation conduit à une baisse considérable des montants d'investissement nécessaires à la création de richesse. Or, rien par ailleurs, au contraire même en raison de l'aversion au risque, ne vient réduire les montants d'épargne au niveau national. Il y aurait ainsi un excès d'épargne dans toutes les grandes économies, qui conduit à une baisse des taux d'intérêt.

La nature des droits actionnariaux

On a vu, au chapitre 3, que le capital est levé séquentiellement et que différentes classes d'investisseurs, notamment les VC qui rejoignent le capital au fil du développement de l'entreprise, ne bénéficient pas des mêmes garanties et droits politiques. La règle de l'équité entre actionnaires ne vaut qu'au sein de chaque classe de titres.

Il faudrait donc, en théorie, donner une valeur différente à chaque classe d'actions, ce qui revient à évaluer les clauses de préférence attachées aux actions. Le travail est rarement fait, parce qu'il est, reconnaissons-le, difficile. S'agissant des sociétés cotées, les actions de préférence ont, en général, été converties en actions ordinaires avant leur cotation, mais celles-ci peuvent garder des droits de vote différents. Et celles qui restent ne font généralement pas l'objet de cotation[1].

Une autre précaution à prendre concerne la multiplicité des actions gratuites mais non disponibles, bons de souscription d'actions, plans de stock-options qui sont associés au capital, autant de formes de « rémunération basée sur la valeur des fonds propres », ou *equity-based compensation,* à disposition des salariés et des dirigeants. Les montants peuvent être énormes : 6 % du montant de l'EBITDA chez Apple, 18 % chez Alphabet et Facebook (*cf.* tableau 8). Il y a un potentiel important de création de nouvelles actions et donc de dilution des actionnaires existants. Ceci doit être pris en compte dans l'évaluation.

Tableau 8

(2016 ; en Md$, sauf les ratios)	**Alphabet**	**Apple**	**Facebook**
EBITDA	36,5	75,4	17,9
Equity-based compensation	6,7	4,9	3,2
en % de l'EBITDA	18 %	6 %	18 %

Source : Rapports annuels 2016 des sociétés.

1. Il y a une supériorité des Bourses américaines et des Bourses de quelques autres pays, dont la France, qui est d'admettre la cotation de plusieurs classes d'actions en parallèle. Cela attire donc à New York les très grosses sociétés du numérique, par exemple Alibaba, qui n'ont pas cette facilité sur d'autres Bourses, dont Hong Kong ou la City à Londres. Or, les créateurs de société aiment disposer d'actions à statut spécial. Pour ne pas risquer de les voir partir aux États-Unis pour la cotation, beaucoup de pays pensent à modifier leur droit boursier.

Encadré 18 : Le mécano complexe des actions émises par Snap

Le document déposé à la SEC, l'autorité de tutelle des marchés financiers aux États-Unis, par la société Snap Inc. à l'occasion de sa mise en Bourse, n'est pas d'une lecture simple. Mais il permet de comprendre le mécanisme par lequel s'est organisée la structure actionnariale de la société lors de ses premières années.

Pour simplifier, il y avait, avant la mise en Bourse et de façon très classique, des actions ordinaires et des actions de préférence. Ces actions de préférence ont presque toutes été converties en actions ordinaires au moment de l'IPO, mais en trois classes différentes d'actions ordinaires.

Remontons d'abord aux actions de préférence pré-IPO. Celles-ci se regroupaient elles aussi en trois groupes.

Les premières, les séries A, A1, B et C, formaient un groupe unique, émises auprès des premiers managers recrutés par les deux fondateurs ainsi qu'aux premiers VC qui ont suivi la société. C'était à une époque, avant 2014, où la société était encore fragile et où le rapport de forces penchait en faveur des VC. Le prix d'émission allait de 0,21 $ par action (série A) à 3,41 $ pour la dernière tranche (série C) émise en janvier 2014, ceci pour refléter la valorisation croissante, mais avec des droits politiques et financiers très avantageux : des droits de vote et une clause de préférence en cas de liquidation. Par exemple, la série B, émise au prix de 1,95 $, disposait d'une garantie de 100 % du capital investi, soit 80 M$ au total, plus l'équivalent d'un dividende, mais capitalisé au taux de 6 % par an. Ces actions étaient convertibles à la discrétion des porteurs et donc à tout moment, sous la condition d'un vote majoritaire. La conversion se faisait selon le prix d'origine. Exemple : si au moment de la conversion, l'action ordinaire vaut 6,82 $, c'est-à-dire deux fois 3,41 $, le porteur d'une action de la série C émise à 3,41 $ aura droit à deux actions ordinaires.

Au-delà de 2014, rien de si généreux : les perspectives de la société s'affirment et le rapport de forces s'inverse. Les tranches D, E et F d'actions de préférence ont été émises respectivement aux prix de 15,35 $, 21,71 $ et 30,72 $, reflétant la poursuite de la valorisation de Snap. De plus, ces actions n'avaient ni droits de vote ni clause de liquidation. Elles n'étaient convertibles qu'en cas de liquidation (c'est bien le minimum que d'avoir sa due part aux dépouilles de la société si elle est liquidée) ou bien lors d'une mise en Bourse. Mais à titre de compensation, la conversion se faisait à des conditions facialement très favorables : 1 000 pour 1 par exemple pour la série D.

Enfin, troisième groupe, venait la série FP, réservée aux deux fondateurs. Chaque action disposait de 10 droits de vote, sans clause de liquidation (c'est là aussi le minimum, puisque la liquidation provient assez souvent d'un mauvais management). Elles sont convertibles aux mêmes conditions que les séries D à F, mais à un taux de conversion considérablement plus favorable.

Ce sont ces trois groupes qui ont été convertis en trois classes d'actions ordinaires : la classe A sans droit de vote, la classe B avec un vote par action et la classe C, issue des actions de préférence FP avec 10 votes par action. Post-IPO, les deux fondateurs disposent ainsi de 88,6 % des droits de vote.

La mise en Bourse a permis de vendre pour un montant de 3,1 Md$ d'actions de la classe A, sans droit de vote. C'est la première fois à Wall Street qu'une entrée en Bourse se fait auprès d'actionnaires qui acceptent de ne disposer d'aucun droit de vote, en quelque sorte des créanciers sans échéance de remboursement, sans coupon fixe mais simplement un droit à dividende. La revente sur le marché devient alors la seule sortie possible, sans même la possibilité de reprendre la main si les deux fondateurs décident de quitter l'entreprise pour de nouvelles aventures. C'est l'*« exit »* sans le *« voice »*, pour employer les termes consacrés depuis l'économiste Albert Hirschman.

Les droits de vote différenciés ont une longue histoire à Wall Street. Ford a fait son entrée en Bourse en 1956 avec deux classes d'actions, l'une des deux donnant à la famille Ford 40 % des voix avec seulement 5 % des actions. Mais jamais dans ces proportions et pourtant après trois décennies d'activisme actionnarial et de multiples réformes de la gouvernance d'entreprise.

Dilution politique, dilution économique

Toute augmentation de capital pose la question de la dilution. Levant plus souvent qu'à leur tour du capital, cette question se pose souvent pour les entreprises du numérique. Elle recouvre deux notions très distinctes.

On parle de dilution politique ou en droits de vote lorsqu'à l'entrée d'un nouvel actionnaire la part en droits de vote des anciens actionnaires diminue. C'est, bien sûr, toujours le cas si les nouvelles actions portent des droits de vote. Cette « perte de pouvoir » des anciens actionnaires peut être décisive si elle fait passer leur participation en dessous de certains seuils critiques dits « de contrôle », par exemple le seuil de majorité simple à 50 % ou celui de majorité qualifiée.

Il y a dilution économique si le patrimoine des anciens actionnaires, c'est-à-dire *in fine* le prix de l'action, diminue suite à l'entrée de ce nouvel actionnaire. Comme le prix futur de l'action est inconnu au moment où on décide de l'opération, les financiers usent souvent d'un critère plus facilement mesurable. Ils disent que l'opération est dilutive pour les actionnaires historiques si le bénéfice par action de l'entreprise décroît suite à l'opération, et qu'elle est « relutive » sinon. (Pour les entreprises de croissance, le bénéfice de l'année ne représente pas le potentiel de rentabilité de l'entreprise. On pourra prendre un bénéfice « normalisé » ; par exemple, le bénéfice prévu pour une année dans le futur quand l'entreprise est à maturité. Le rendement de l'action – ou encore le coût du capital pour cette action – rapportera ce bénéfice au prix de l'action.)

Ce critère a une interprétation financière directe. On montre assez simplement que le bénéfice par action s'accroît si et seulement si le rendement des fonds levés multiplié par le facteur de surcote ou de prime d'émission de l'action lors de la levée est supérieur au coût du capital[1].

1. Partons d'une entreprise dont la capitalisation boursière est : $V_E = n \times p$, où n est le nombre d'actions en circulation et p est le prix courant de l'action. L'augmentation de capital porte sur un montant de n' actions au prix p' par action. Ce prix montre un facteur de surcote ou de prime de γ, ce qui fait que $p' = \gamma p$. L'opération est relutive si le bénéfice par action s'accroît suite à l'opération, soit :

$$\frac{B}{n} < \frac{B + r'\gamma pn'}{n + n'}$$

formule dans laquelle r et r' sont respectivement le coût du capital (ou rendement) de l'action existante et des nouveaux fonds levés, B le bénéfice (normalisé) de l'entreprise et B/n le bénéfice par action.
Cette inégalité se simplifie, si on approche le coût (ou rendement) du capital par le rapport du bénéfice par action au prix de l'action, en :

$$\gamma r' > r.$$

Il y a relution tant que la prime d'émission dépasse en pourcentage l'éventuelle diminution du rendement sur les nouveaux fonds investis.
Le critère du bénéfice par action doit être cependant pris avec précaution : l'investissement permis par la levée de fonds (par exemple une acquisition) peut modifier fortement le profil de risque de la société, et donc accroître son coût du capital. Beaucoup d'acquisitions mal guidées sont facialement relutives, mais appauvrissent considérablement la société.

Si, par exemple, l'entreprise présente un coût du capital (ou encore un rendement normalisé) de 8 %, que les nouveaux fonds sont investis dans un développement qui rapporte 7 % et que l'émission de capital se fait avec une surcote – ou encore une prime d'émission – de 20 %, alors l'opération est relutive. En effet, 7 % × 1,2 = 8,4 % > 8 %. Dans cet exemple, en revanche, les nouveaux actionnaires y perdent. Dilution et relution sont pour l'ensemble des actionnaires, les anciens et les nouveaux, toujours un jeu à somme nulle.

Les actionnaires d'une entreprise pourront accepter d'ouvrir leur capital au prix courant de l'action si le taux de rendement du projet pour lequel ils souhaitent des fonds nouveaux est supérieur ou égal au rendement courant. À défaut, il convient d'émettre avec une surcote par rapport au cours de l'action. On parle ici d'introduction en Bourse : pour une société déjà cotée sur un marché organisé, les émissions de capital ne se font jamais avec une surcote (à défaut, l'investisseur préfère acheter sur le marché plutôt que lors de l'augmentation de capital).

Dans les pays où le capital des sociétés est fréquemment très éclaté et sans actionnaires de contrôle, cas typique des entreprises cotées aux États-Unis ou en Grande-Bretagne, l'extrême dispersion des actionnaires les rend indifférents à la dilution politique. Seule leur importe la dilution des bénéfices. C'est en ce sens un encouragement à la croissance. Inversement, c'est un frein à la croissance pour celles des entreprises, souvent les entreprises familiales, dont les actionnaires tiennent à leur emprise « politique » sur elles.

Les entreprises numériques commandent, quand elles sont dans une spirale vertueuse et non encore cotées en Bourse, des primes d'émission considérables. Voir la chronique du prix de l'action de Snap avant son IPO (encadré 18). En effet, chaque tour de levée de capital permet à l'entreprise d'atteindre des rendements qu'elle ne pourrait jamais connaître en son absence. Les actionnaires existants sont à chaque fois « relués ».

Ce qui est frappant dans la nouvelle économie numérique, c'est qu'elle permet l'envol, comme à l'époque des *tycoons* de la fin du XIXe siècle, d'entrepreneurs qui souhaitent garder le contrôle, voire disposer d'un plein pouvoir sur leur entreprise. Comme ils ne veulent pas freiner l'essor de leur société – ils veulent à la fois croissance patrimoniale et contrôle, beurre et argent du beurre –, ils recourent abondamment à des actions à droits de vote multiples ou, symétriquement, sans droits de vote pour les autres actionnaires.

Cela pose à la fois un problème de gouvernance quand ces entreprises atteignent des montants de capitalisation très importants, et d'enjeu social en raison du levier qu'elles arrivent à avoir sur les marchés et sur les modes de vie de la société. Les investisseurs institutionnels commencent à s'émouvoir fortement sur le premier point, à défaut encore du second. Alphabet/Google reçoit ainsi les plaintes récurrentes de certains de ses actionnaires lors des assemblées générales en raison de la concentration du pouvoir entre les mains de ses fondateurs, Larry Page et Serguey Brin, qui détiennent à eux deux 51 % des droits de vote de la société. On accepte de moins en moins la rhétorique d'une concentration du pouvoir afin de permettre aux dirigeants de se concentrer sur le long terme plutôt que d'être soumis aux « caprices à court terme » du marché. La société FTSE Russell, qui fournit des indices boursiers très suivis par les gérants de fonds indiciels, agite la sonnette d'alarme. Elle s'interroge publiquement sur l'opportunité de conserver Snap dans ses indices, en raison du mauvais exemple de gouvernance qui est ainsi donné, par cette société et d'autres grands acteurs du numérique[1].

1. *Financial Times,* 18 mars 2017.

L'APPORT DES OPTIONS RÉELLES

Par « options réelles », on entend la valeur des opportunités rencontrées par la société au fil de son développement, qui lui sont inconnues dans le moment présent, *a fortiori* pour ses investisseurs. Amazon était un commerce de détail à l'origine, dont le dirigeant a compris – devant le succès et non avant – que son concept permettait à des vendeurs tiers d'utiliser sa plateforme. Facebook n'imaginait pas qu'il pouvait devenir une agence de presse ni un lieu où des producteurs peuvent venir présenter leurs offres marketing, etc. Une analogie est la visite d'une maison inconnue : chaque porte passée découvre un point de vue nouveau, hors du champ de vision précédent. Plus encore, si des gens présents dans les pièces réagissent à votre venue et modifient la scène.

C'est dans ce sens qu'une stratégie d'entreprise n'est jamais une trajectoire vers une cible donnée et prédéterminée. C'est l'erreur commise par ceux des chefs d'entreprise qui confondent objectif et stratégie. Il s'agit plutôt, prenant appui sur les points de force de l'entreprise – qui sont pérennes, en général – de saisir les opportunités les plus accessibles et les plus compatibles. La stratégie est ainsi un exercice optionnel, qui regarde autant autour de soi que devant.

Pour l'évaluation, on retrouve la nécessité, comprenant bien le modèle d'affaires de l'entreprise, de bâtir des scénarios de croissance crédibles. Les options de croissance sont la formalisation d'un processus heuristique très utile, obligeant à réfléchir à la flexibilité et à l'irréversibilité des choix d'investissement. Mais reconnaissons-le, ces options de croissance ajoutent de l'inconnu à l'inconnu et sont irréductibles à l'évaluation, à moins, précisément, de ne plus être des options de croissance, parce que déjà mises en œuvre.

Il y a néanmoins, sans doute par assimilation de vocabulaire, tentative d'introduire le bagage financier de l'évaluation des titres financiers appelés « options », comme les bons de souscription d'actions, pour mesurer ces options réelles. *Cf.*, par exemple, Mauboussin (1999),

Mchawrab *et alii* (2015) ainsi que Bouvet et Philippe (2016), ces derniers en faisant une synthèse mesurée et réaliste, les caractérisant davantage comme un modèle de gestion stratégique pour le management qu'un modèle d'évaluation pour le financier. Cette approche très formalisée reste, à ce jour, encore limitée à des entreprises dont la rentabilité dépend fortement d'une variable précisément quantifiable parce que négociée sur un marché – une entreprise minière dont la valeur dépend du cours du métal extrait, etc. –, ce qui n'est franchement pas le cas des entreprises du numérique. C'est donc un peu pour la forme qu'on mentionne ici l'approche optionnelle[1].

Encadré 19 : Empiler le cash dans le bilan, une forme d'assurance contre le risque technologique

La rupture technologique a donné à certaines entreprises du numérique l'ampleur qu'elles ont aujourd'hui. Mais l'entreprise qui crée une disruption peut être disruptée à son tour. D'où l'importance d'investir fortement en R&D, pour rester à la « frontière technologique ». Mais aussi, grâce à une veille concurrentielle, d'acquérir les technologies qu'on ne maîtrise pas ou qu'il serait trop coûteux de développer en interne. En découle le phénomène de concentration rapide qu'on observe sur le marché.

Il faut ajouter un autre facteur, plus financier, propre aux grandes entreprises high-tech, en particulier celles du numérique quand elles sont cotées : la trésorerie. Ces grandes entreprises gardent une trésorerie souvent gigantesque à leur bilan. Ainsi Apple détient 236 Md$ à la fin 2016 ; Alphabet, 73 Md$.

Ce comportement est, pour une part, rationnel : disposer de trésorerie accroît la flexibilité stratégique quand il faut conclure rapidement une acquisition. Cela résulte aussi, dans le cas américain, d'une optimisation

1. On met aussi sous le couvert d'approche optionnelle le perfectionnement technique consistant à transformer le modèle de calcul de la DCF en un modèle stochastique, les paramètres-clés dont les paramètres financiers, se voyant dotés de lois de probabilité. La valeur devient alors, elle aussi, une variable aléatoire, dont on peut tracer la distribution (moyenne, écart-type, etc.). L'exercice est loin d'être inutile et permet à tout le moins de faire des graphiques très parlants. Mais c'est autre chose que la théorie des options.

fiscale, sachant le coût en termes d'impôt d'un rapatriement des profits réalisés à l'étranger[1]. Une autre raison est dite avec humour et provocation par Peter Thiel, fondateur de Paypal et un membre actif de la communauté digitale aux États-Unis, cité par Colin (2016), mais aussi dans Thiel (2014). Appelons cela le « *show-off* » ou la frime. Il dit :

« *Google n'est plus une boîte de technologie, c'est un moteur de recherche. La technologie de recherche a été développée il y a une décennie. C'est le pari qu'il n'y aura personne d'autre qui viendra avec une meilleure technologie de recherche. Ainsi, vous investissez dans Google parce que vous pariez contre l'innovation technologique. C'est comme une banque qui génère d'énormes* cash flows *chaque année, mais tu n'oses pas verser de dividende, parce que le jour où tu prends ces 30 Md$ et tu les rends aux gens, alors tu admets que tu n'es plus une entreprise de technologie.* »

Autrement dit, le cash est une assurance-vie. C'est en partie une séquelle de la crise financière de 2008 quand les marchés financiers se sont brutalement fermés et où il valait mieux avoir quelques réserves à soi. C'est surtout l'analyse *post mortem* faite sur Nokia : si cette entreprise, leader mondial, avait eu les réserves d'Apple, elle n'aurait pas quitté la compétition dans le domaine du mobile. Elle aurait eu le temps de négocier, peut-être avec succès, un rebond technologique. Utiliser ses propres actions comme monnaie d'échange ou lever en urgence des fonds lui était impossible, sachant que ces actions étaient en baisse et que les marchés financiers étaient lucides sur son retard technique.

Cela pose un problème pour l'évaluateur et aussi pour l'actionnaire. Pour eux, un dollar de cash vaut... un dollar. Mais ce dollar a un rendement proche de zéro (s'agissant d'Apple notamment, qui investit sa trésorerie essentiellement en titres du Trésor américain). L'investisseur croit porter

1. Rappelons que la filiale d'une entreprise française, par exemple, qui opère en Allemagne subit l'IS allemand, et par accord entre les deux pays, son profit ne subit plus l'IS en France et peut être rapatrié librement. Par contre, sous le régime américain, la même entreprise filiale d'un groupe américain reste redevable de l'impôt aux États-Unis, en tout cas pour le solde entre le taux américain de 35 % et le taux allemand de 30 %. Cela veut dire, dans le cas d'Apple dont les profits européens sont aujourd'hui taxés autour de 0 % – merci l'Irlande ! – que l'entreprise subirait pleinement l'impôt à 35 % si elle rapatriait ses profits à domicile. Comme d'autres, elle s'en garde bien, de sorte que le montant de cash qui figure au bilan des grandes entreprises américaines tout en dormant à l'étranger (souvent dans des paradis fiscaux) atteint la somme astronomique de 2,1 Tr$, un montant très proche du PIB de la France.

une action d'une entreprise high-tech, très risquée, et, pourtant, une bonne part de son investissement est logée dans une grosse SICAV de trésorerie. Peut-être préférerait-il disposer du cash et, avec cette ressource, diversifier son risque sur de multiples sociétés technologiques ? L'assurance financière serait moins coûteuse si elle était faite à son niveau.

Doit-on mettre une surcote aux entreprises qui détiennent beaucoup de cash, comme signe d'une entreprise qui a réussi à s'auto-assurer, et qui, comme le montre Frésard (2010), est ainsi plus à l'aise pour gagner des parts de marché ? Ou, au contraire, une décote en raison d'une mauvaise allocation de ses fonds ? D'autant que ce volant gigantesque de cash est un moyen pour le management de ces entreprises d'acquérir une indépendance complète vis-à-vis de ses actionnaires, puisqu'il n'a jamais besoin d'eux, une pratique de gouvernance très discutable qui fait écho à la mise en Bourse d'actions sans droits de vote. Le vent commence à tourner et beaucoup d'entreprises, dont par exemple Microsoft, ont été progressivement contraintes à des distributions de dividendes plus importantes et donc à une réduction de leur position de trésorerie.

Le rôle du *big data* dans l'évaluation. Son application à Uber

L'arrivée d'Uber et d'autres centrales de réservation sur Internet a un fort impact sur le marché des taxis. Le graphique 8 qui suit en donne une idée pour Paris : le prix moyen de la « plaque » ou licence, selon le site de *La Compagnie du Taxi (www.ctt-taxi.fr),* a presque baissé de moitié ; elle s'élevait à 230 K€ en 2013 et n'est plus que de 125 K€ à la fin 2016.

Graphique 8 : Cours de la licence (2011-2016)

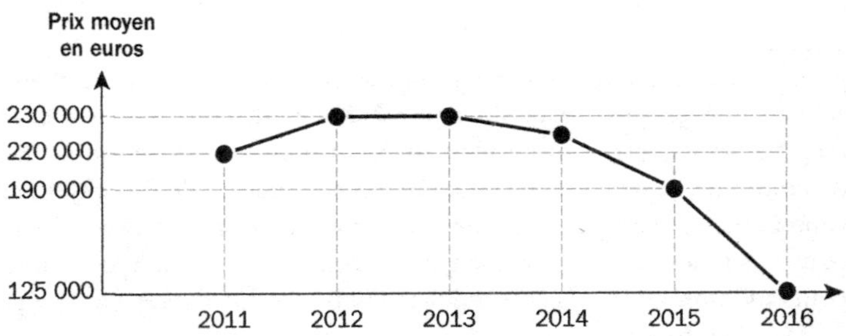

Peut-on convertir cela en profitabilité des taxis parisiens ? Il y a plus de 17 000 plaques en circulation, ce qui signifie que l'industrie des taxis parisiens « capitalisait » 3,4 Md€ en 2013, et n'en capitalise plus que 2,1 Md€ à présent. La valeur perdue se retrouve, pour l'essentiel, chez le consommateur, sachant que les plateformes alternatives sont toutes en forte perte, en ce moment.

Buchholz (2015) faisait le même calcul pour la ville de New York, montrant que l'industrie dégageait, avant l'arrivée d'Uber, un profit net de 1,6 Md$. Comme le prix de la plaque à New York était, à cette époque, de 1,2 M$, soit 5 fois plus qu'à Paris, et que la « capitalisation » totale des plaques s'élevait à 16 Md$ (il y a près de 14 000 licences ou *medallions* à New York), le multiple de capitalisation (en termes d'EBITDA) de l'industrie de taxis est donc de 10X (soit 16 ÷ 1,6). Pour information, le prix de la plaque à New York est tombé désormais à 500 K$, soit une chute de 58 %.

Appliquant, au prix d'une certaine imprudence, ce multiple au marché parisien, on en déduit que le profit brut anticipé des taxis au sommet de 2013 était de 340 M€ par an, et de 210 M€ maintenant, ce qui assure un revenu net (déclaré) très bas pour les chauffeurs (23 K€ l'an au pic, et 12,5 K€ à présent, le chiffre étant de 117 K$ au pic pour les chauffeurs de taxi de New York). L'arrivée des plateformes (dont Uber) a, en grande partie, élargi le marché, de sorte que la baisse de revenus instantanée pour les taxis est probablement bien moindre. En revanche, le « marché » anticipe une poursuite de la baisse de part de marché des taxis enregistrés, au profit des chauffeurs VTC[1].

1. Jusqu'à une date récente, l'opération était intéressante pour un chauffeur : acheter une plaque, c'était pouvoir bénéficier d'abord d'un endettement (peu de particuliers, y compris parmi les artisans, sont en position de lever un emprunt), au demeurant peu coûteux, avec un prix de l'actif qui montait constamment. C'était aussi un moyen de constituer un patrimoine, bien utile pour la retraite. La situation change désormais, de sorte qu'il est imprudent pour la Compagnie du Taxi d'afficher, comme le fait figurer La Compagnie du Taxi dans son graphique du prix de la plaque.

Que penser, à partir de là, de la profitabilité d'Uber ? Sa valeur sur le marché privé, si l'on se fie à la dernière levée de fonds, est de 68 Md$, ce qui supposerait, avec le même multiple, une rentabilité normative (un EBITDA) de 6,8 Md$. Il en perd aujourd'hui 2,8 Md$. Qu'est-ce qui explique cette valorisation, en dépit de ces pertes élevées ?

Les investisseurs semblent avoir à l'esprit deux idées dans leur valorisation : la première est à nouveau la logique de *« winner takes most »*. Il lui faut maintenir un investissement constant pour capter au plus vite des parts de marché. Quand Uber arrive dans une métropole, il paie les « partenaires-chauffeurs » pour tourner à vide les premiers temps, de façon à amorcer l'effet réseau. Le compte d'exploitation dans chaque ville a ainsi la forme d'une courbe en J : déficitaire au début, profitable après. Le compte agrégé est une somme de courbes en J décalées dans le temps. Si Uber arrête de faire de nouvelles implantations, il y a une bonne chance que la rentabilité se redresse. Sauf s'il reste structurellement déficitaire sur les territoires déjà acquis.

L'approche par le surplus du consommateur

En effet, deuxième idée, Uber tarifie encore très bas. Exploitant les bases de données d'Uber, par des techniques statistiques de *big data,* un papier récent de Cohen *et alii* (2016)[1] montre que l'activité de VTC génère aujourd'hui un « surplus du consommateur » très important, selon le terme expliqué dans l'encadré 2. Quand le consommateur paie sa course au prix de 100, à quel prix aurait-il été prêt à la payer ? Si ce prix de réserve est de 150, cela signifie que le consommateur économise 50 sur sa course. Dans le cas d'Uber, ces économistes disposent du moyen de calculer un tel surplus. En effet, le système de réservation leur fournit l'impact sur la demande (l'élasticité) des hausses de prix qu'Uber réalise en période tendue (les prix majorés), un mécanisme qui est censé accroître l'offre de taxis dans ces périodes.

1. Deux de ces cinq économistes font partie du personnel d'Uber, les autres étant probablement payés par le même Uber.

Or, l'étude montre à la fois qu'une hausse de 10 % du prix ne baisse la demande qu'entre 4 et 6 % (élasticité prix comprise entre – 0,4 et – 0,6) et donc que le surplus est très significatif, de l'ordre de 1,57X le prix de base. Autrement dit, et toutes choses égales par ailleurs, Uber a un potentiel de revenu pouvant plus que doubler sur sa base de clientèle actuelle (passant de 100 à 257). Si le chiffre d'affaires double, sur la base de coûts à peu près constants, pour sûr que la valeur dépassera de beaucoup les 68 Md$.

Ce calcul surestime de beaucoup le gain de valeur. Il suppose qu'une fois implanté, Uber gardera sa position de leader et sera en position de monopole, évinçant par exemple G7-Les Taxis Bleus sur Paris. C'est nier la dynamique du marché, à savoir la réaction du régulateur, l'entrée de nouveaux concurrents, la banalisation des logiciels de cartographie et d'appariement offre/demande (qui ont été la véritable innovation d'Uber), la revendication croissante des chauffeurs, dont on connaît le caractère sourcilleux comme le montrent les grèves de 2016 dans différentes métropoles, l'évolution de leur statut au regard du droit du travail, leur capacité à migrer en bloc vers un nouvel opérateur, leur importance politique comme vecteur d'opinion, etc. L'hypothèse d'un Taxis Bleus mondial est donc aventureuse, d'autant qu'il y a très peu de synergies opérationnelles à opérer sur plusieurs métropoles, seuls les grands voyageurs trouvant satisfaction à rester dans la même application quand ils passent de Milan à Chicago (ce qu'on appelle un marché multi-local).

On objectera qu'Uber porte en son sein de nombreuses « options réelles » qu'il pourra exploiter : rentrer sur le marché interurbain, à la BlaBlaCar ; sur le marché de la messagerie, de la logistique alimentaire à la Deliveroo, ce qu'il a commencé à faire, etc. La voiture autonome est peut-être aussi une sortie par le haut, face à la question ardue de la gestion du « personnel roulant » et de leur statut, le financement du parc pouvant se faire dans ce cas par des pools d'investisseurs. Mais dans cette hypothèse, le transport urbain de personnes devient une « utilité », pouvant tout à fait être pris en charge par les municipalités comme pour d'autres industries de réseau, à l'exemple de la distribution de l'eau ou la gestion des escaliers roulants urbains. Les barrières à l'entrée disparaîtraient à nouveau.

Tous ces éléments doivent rentrer en compte dans l'évaluation d'un Uber, pour lequel il faut échapper à une certaine mythification. Quand on a inventé le compteur de taxi – qui, précisément, a vu naître la société G7 en 1910, celle qui a fourni l'essentiel des fameux taxis de la Marne –, puis la borne de taxis, il s'agissait d'un progrès par rapport à la simple maraude. Quand est venu le télétexte, les centrales de réservation de taxis sont apparues, avec des dames au bout du téléphone, un progrès par rapport à l'appel à la borne téléphonique. Avec Internet, nouveau bond en avant : la centrale de réservation est en temps réel, sans opérateurs au milieu. D'où un appariement considérablement meilleur. Auquel s'ajoute le retour client (la notation), un élément disciplinaire qui manquait fortement dans le système précédent. Et, bien sûr, le gain d'avoir bousculé un équilibre corporatiste, efficace autrefois, mais devenu coûteux et malthusien[1].

Le plus important pour l'objet de ce livre est la venue d'un nouvel outil dans la boîte à outils à disposition des évaluateurs et des financiers : le *big data*. Les gens du marketing s'en sont saisis très vite et en voient l'intérêt pour mieux cibler une clientèle. Les financiers devraient bientôt suivre. Si l'on peut estimer la réaction des clients à un changement de prix ou à un changement de modèle de tarification, alors on peut

1. On ne peut exclure que l'optimum dans l'organisation du marché du transport urbain de passagers soit une structure corporatiste, avec un mécanisme de quotas et de barrières à l'entrée. À défaut, le revenu du chauffeur, à cause de la libre entrée, s'aligne sur son niveau de subsistance acceptable. La liberté de l'affiliation à un réseau empêche également qu'il y ait une rente pour la centrale de réservation. Ces deux facteurs concourent, à terme, à une dégradation de la qualité et une instabilité des acteurs en place. Le chantre de la dérégulation qu'est Uber risque fort d'appuyer assez vite un nouveau mode de régulation. L'éviction récente de son président et fondateur, Travis Kalanick, marque peut-être, entre autres facteurs, la nécessité d'une approche plus ronde des autorités dans ses pays de présence.

aussi en mesurer les conséquences sur la valeur de l'entreprise, numérique ou pas. L'afflux de données sur et autour de l'entreprise peut décourager l'évaluateur ; muni des techniques pour synthétiser ou filtrer cette information, elle peut enrichir son travail. Si vous voulez trouver l'aiguille, il est désormais commode d'avoir une meule de foin[1].

Encadré 20 : La Bourse et les entreprises technologiques

La mise en Bourse de Snap serait-elle l'arbre qui cache la forêt ? Les observateurs font un constat désormais quelque peu alarmiste aux États-Unis : les entreprises nouvelles ne semblent plus tentées, ni se donnent l'objectif à un certain stade de développement, de lever des capitaux en Bourse. On en juge par ce graphisme, actualisé à partir de Xiaohui, Ritter et Zhu (2013) dont le titre porte tout le message : « Où sont donc parties les introductions en Bourse ? »

Le graphique 9 retrace depuis 1980 le nombre des IPO sur les Bourses américaines. La glorieuse période a clairement été la décennie 1990. C'est une rupture nette qui est enregistrée la décennie suivante, particulièrement pour les entreprises de petite taille, en pratique les startups technologiques, dont récemment les entreprises du numérique.

Graphique 9 : Nombre d'IPO par an selon la taille du chiffre d'affaires

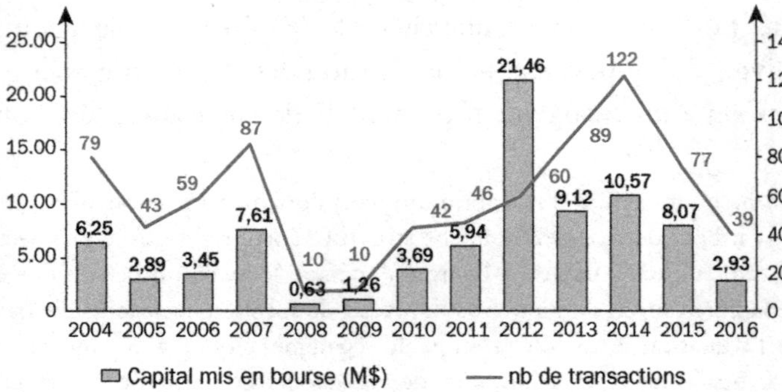

Source : Xiaohui *et alii* (2013).

1. Mot attribué au général Keith Alexander, précédent patron de la NSA, agence américaine de contre-espionnage.

Le point haut des entrées en Bourse a été l'année 1996, qui est aussi le point haut concernant le nombre de sociétés cotées sur les Bourses américaines (Grullon *et alii*, 2017). L'étude montre qu'il y a moins de sociétés cotées, mais qu'elles sont beaucoup plus grosses. La concentration s'accroît. La Bourse est désormais l'apanage des grandes sociétés et va de pair avec une croissance très forte de la capitalisation de ces sociétés.

On cherche les raisons du phénomène. Les candidats possibles sont l'alourdissement du coût réglementaire de la cotation, notamment avec la loi Sarbanes-Oxley, mise en place au début des années 2000 à la suite du scandale Enron ; également la fiscalité de l'impôt sur les bénéfices, qui pousse beaucoup de projets économiques, notamment dans les infrastructures, à refuser d'opter pour le statut de société anonyme soumise à l'IS et donc éligibles à la cotation boursière. Ce peut être aussi l'indice d'une profondeur et d'une liquidité plus grandes du marché du *venture capital* et du *private equity*, permettant que des entreprises même très grosses soient logées plus longtemps au sein de fonds d'investissement, au moment où la part du non-coté s'accroît chez les investisseurs institutionnels. Ajoutons que les transactions sur actions des sociétés high-tech non cotées sont de plus en plus faciles et ont l'avantage de se faire de façon moins visible. Témoin de ce délai croissant à aller en Bourse, Uber, que le dernier tour de table valorise à 68 Md$ – les méchantes langues disant que c'est par peur de ne pas y retrouver cette valeur.

Les deux graphiques qui suivent (10 et 11) donnent une clé de compréhension, qui fait consensus. Ils traitent tous les deux de la façon dont les fonds de *venture capital* organisent la « sortie » de leurs participations, dont principalement des entreprises technologiques, soit vers la Bourse, sous forme d'IPO, soit vers des acheteurs industriels, par M&A. Le graphique 10 donne les chiffres pour les sorties en IPO, soit un nombre d'environ 40 entreprises pour 2016, en net déclin, pour un encours de capitaux transactés de 6 Md$. On est très loin des chiffres de sortie « stratégique », c'est-à-dire auprès d'acteurs industriels : plus de 700 entreprises, et un montant de capital impliqué de plus de 40 Md$. Ce sont des entreprises non financières qui rachètent pour l'essentiel ces participations et, pour cela, les plus grandes d'entre elles, souvent dans une logique de rattrapage technologique.

Les nouveaux entrepreneurs intériorisent cette contrainte : rares sont ceux qui cherchent à être des bâtisseurs, à la Mark Zuckerberg. Devant la difficulté de croître de façon autonome et devant les valorisations atteintes sur le marché des fusions-acquisitions, ils préfèrent passer la main, quitte à tenter l'aventure sur un autre projet avec les fonds résultant de la vente. Ce n'est pas forcément un signe rassurant. La concentration est souvent l'indice de rentes de situation, de capacité à peser sur les politiques publiques et d'échapper à la réglementation et à l'impôt. Google représente à présent 88 % du marché des moteurs de recherche ; Facebook et ses réseaux filiales, 77 % du trafic « social » sur mobile, Amazon 77 % du marché de livre électronique. Le *New York Times* titrait ainsi le 22 avril 2017 : *« Is It Time to Break Up Google? »*

Graphique 10 : Mise en Bourse en sortie du private equity

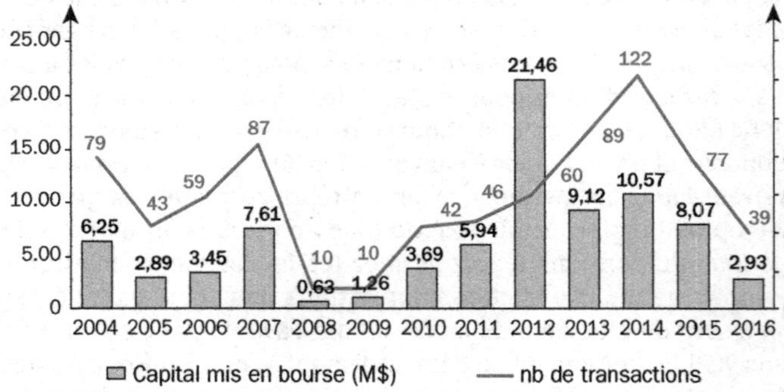

Graphique 11 : Ventes stratégiques en sortie du private equity (États-Unis)

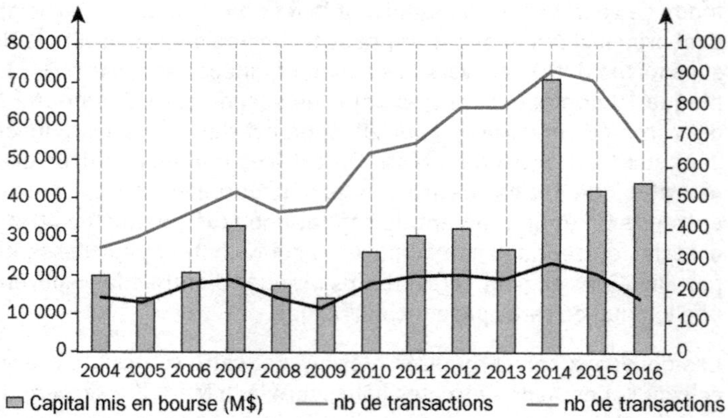

Source : National Venture Capital Association 2017.

Chapitre 5

Le numérique et les entreprises « traditionnelles »

La rupture numérique a une autre face : qu'en est-il des entreprises qui ne sont pas les porteuses de cette révolution mais qui en sont la contrepartie en tant que clients ou qui la subissent en tant que concurrents ? Si l'on est prêt à donner des valorisations extrêmes aux acteurs du numérique parce qu'ils vont prendre la place des entreprises installées, ne faut-il pas, par cohérence, déprécier symétriquement d'un même montant la valeur de ces dernières, avant qu'elles ne deviennent les Kodak de demain ? On estime, par exemple, au Royaume-Uni que l'arrivée des sites de services à l'hôtellerie, de type Booking.com, a fait perdre 20 % de la valeur ajoutée du secteur de l'hôtellerie traditionnelle.

Cet exercice est hautement dérangeant. Rares sont les analystes financiers qui s'y risquent. Que diront-ils de Publicis ou WPP par rapport à Google ? De TF1 par rapport à Netflix ou Facebook ? Ne vaut-il pas mieux, pour eux, fermer les yeux et s'épargner les épineuses questions de l'évaluation du numérique, être confiants dans la croissance raisonnable, les marges stables et la notoriété acquise des entreprises « traditionnelles » qu'ils ont sous la loupe ? Ce sera de moins en moins possible, en raison de l'impact « en creux » de la numérisation.

Pour autant, il ne s'agit pas d'une simple arithmétique à somme nulle, où ce que gagne le numérique est perdu par le non-numérique. Pour deux raisons, au moins.

D'abord, les entreprises du numérique, et les technologies numériques elles-mêmes, bouleversent leurs concurrents directs, mais rendent des services aux entreprises, dont d'ailleurs ces mêmes concurrents directs. Prenons le cas d'un distributeur spécialisé de matériels et d'instruments de musique qui n'a pas franchi le pas du numérique. Il souffrira de la concurrence d'un Amazon, mais peut fort bien utiliser les différentes plateformes, dont celle d'Amazon, pour faire connaître ses produits et ceci, bien au-delà de sa zone de chalandise habituelle. Ou bien, il montera lui-même un site et, *via* la publicité faite sur Google, atteindra là encore une clientèle inaccessible pour lui auparavant, à condition de mettre sur pied la logistique de commande et de livraison qui va avec. Le poids acquis lui permettra peut-être de remonter la filière de la distribution vers la production, par exemple en distribuant des produits sous sa propre marque. Bien sûr, il rencontrera désormais sur sa route des producteurs d'instruments de musique qui pourront, par les mêmes canaux, sauter l'étape des distributeurs habituels. C'est donc à une reconfiguration assez profonde de ce segment particulier de l'économie que l'on assiste, et ce qui vaut pour la musique vaut partout dans l'économie.

Pour poursuivre l'exemple, on a connu un choc de même nature à l'avènement de la grande distribution moderne dans les années 1960 et 1970. L'hypermarché est violent pour ses fournisseurs, à qui il tord le bras dans la négociation commerciale et qu'il concurrence par des produits à marque distributeur. Mais il ouvre des opportunités à d'autres producteurs qui s'économisent ainsi l'investissement commercial de bâtir, à coût exorbitant, une notoriété de marque, un privilège laissé de plus en plus aux grands acteurs des biens de consommation.

La seconde raison est que les acteurs traditionnels s'inscrivent aussi dans ce jeu stratégique, et ne tardent pas eux-mêmes à comprendre les enjeux de la numérisation. Ils peuvent racheter des petits acteurs du numérique, qui, faute d'effets d'échelle, ont peu de chances de rattraper les gagnants. Ils peuvent promouvoir en leur sein des alternatives numériques. Ils connaissent parfois à ce point les tenants de leur métier que la technologie, numérique ou autre, n'est pour eux qu'un élément supplétif, qu'ils peuvent s'approprier.

C'est donc à ces deux aspects de la numérisation qu'on va s'attacher dans ce chapitre, avec leurs impacts sur la valeur. Mais pour commencer, il faut tenter de comprendre les mécanismes par lesquels opère la rupture numérique.

D'OÙ VIENT ET COMMENT ADVIENT LA RUPTURE TECHNOLOGIQUE ?

Les consultants en stratégie font du sujet un axe commercial majeur et sont donc une bonne source pour comprendre les mécanismes à l'œuvre. Une grille de lecture commode, au risque d'être simplificatrice, est de revenir sur les logiques d'intégration verticale ou horizontale des groupes et de l'industrie.

Par « verticalisation », on entendra le fait que l'acteur du numérique, fort des économies qu'il apporte dans l'appariement acheteur/vendeur ou client/fournisseur, se concentre sur un segment précis d'une offre intégrée, pour la séparer du reste. Il fait ainsi éclater l'offre intégrée, il la « fragmente ».

L'industrie bancaire vit le phénomène en ce moment. La gestion des moyens de paiement est une offre de service intégrée et passablement complexe. Mais qui n'est pas forcément facturée pour ce qu'elle est. Par exemple, la rentabilité des banques dans la gestion des comptes à vue ne vient pas de la gestion des chèques, qui reste non ou peu facturée, mais beaucoup d'un accès imparfait à l'information par le client : les soldes bancaires qui dorment alors qu'ils seraient mieux placés ailleurs ; à l'inverse, des découverts bancaires à coût prohibitif. Ici, les acteurs numériques, type Banking.com ou Linxo, apportent à coût faible et en temps réel cette information (il a fallu y obliger les banques) directement sur l'écran du mobile, en faisant figurer la position des comptes dans les différentes banques du client. L'offre a ainsi été fragmentée. Le subventionnement croisé est moins facile : la banque doit facturer à son coût chacun des éléments de l'offre, plus cher pour certains services et transactions, moins pour d'autres. Comme il est plus facile de baisser un prix que de le monter, on devine la pression qui s'exerce aujourd'hui sur elles[1].

1. Le numérique permet d'envisager une société d'où la monnaie par chèque et espèces aura disparu, au profit des seuls virements électroniques. La Suède y va à grands pas. La Chine aussi où une grande partie du public urbain abandonne son porte-monnaie et n'acquitte plus ses achats que par le mobile. Les mendiants s'y mettent, rapporte la presse chinoise, et remplacent la coupelle sur le trottoir par une affiche portant le code QR de leur compte bancaire pour que les passants généreux versent leur obole par quelques clics de leur mobile. *Cf. International Business Times,* 24 avril 2017.

Rien que de très commun dans la vie industrielle. On reconnaît ce qu'a pu être le mode d'attaque des *low costs* dans le transport aérien : forts d'une structure de coûts plus faibles (notamment grâce à une distribution par Internet des billets), ils se sont concentrés sur les lignes les plus rentables de la compagnie traditionnelle, qui subventionnait ses lignes peu rentables (par exemple, les vols à courte distance) en extrayant au maximum la rente des autres (par exemple, la longue distance). Voici qui force à une reconfiguration.

Par « horizontalisation », on entend le mouvement inverse : l'entreprise ou l'industrie était en mode d'intégration verticale, se fournissant auprès d'un prestataire interne, contrôlé par elle, pour un bien intermédiaire pour sa production. L'industrie informatique était sur ce modèle jusque dans les années 1970 : les IBM et Unidata de l'époque produisaient l'unité centrale, le logiciel d'exploitation, l'écran… jusqu'aux câbles de connexion. L'arrivée conjointe de Windows et d'Intel avait fait, à l'époque, éclater ce modèle qui s'est reconfiguré sur un mode horizontal (à l'exception notable d'Apple) : des prestataires dans les processeurs, dans les logiciels d'exploitation, dans les disques durs, etc. Internet et le mobile sont aujourd'hui en train d'opérer la reconfiguration inverse : un Google voudra son terminal mobile, en même temps que son logiciel d'exploitation, que sa base de données pour la musique, que ses espaces serveur, etc. Et Amazon, Facebook ou Samsung s'y mettent aussi.

La grande distribution alimentaire offre le même exemple de choc tectonique : elle avait « fragmenté » son offre, en arrivant à faire du consommateur le logisticien béat du dernier kilomètre, lui qui prenait sa voiture le samedi pour gonfler son coffre et ses placards de la consommation du mois. Cela libérait le distributeur d'un service très coûteux. L'outil numérique remet en cause – il n'est pas le seul – ce modèle, et fait apparaître un service identifié en tant que tel, une activité parallèle et nouvelle du distributeur consistant à faire la livraison à domicile, c'est-à-dire à s'emparer de la logistique aval. Autre exemple, un des quelques grands succès français dans le high-tech venait de Dassault Aviation. Ce groupe avait développé en interne son logiciel de numérisation 3D : il pouvait le préserver comme facteur d'avantage concurrentiel. Il a préféré en faire une activité parallèle à son métier historique et ouverte même à ses concurrents, ce qui a donné Dassault Systems. Nestlé a fait de même avec Nespresso, signe que des startups peuvent naître au sein des grands groupes.

D'où ce mot très commode, pris à l'informatique, de « défragmentation » (quand on « nettoie » son disque dur) qui résume ces chambardements du vertical vers l'horizontal et l'inverse dans les chaînes industrielles. Internet, les bases de données et le mobile sont conjointement le facteur de défragmentation du tissu industriel le plus puissant qu'on ait connu depuis longtemps. Les historiens sauront peut-être plus tard en comparer l'importance avec les chocs advenus lors de l'introduction de l'énergie vapeur ou de l'électricité.

La même défragmentation affecte inévitablement le marché du travail, comme on l'a vu au chapitre 2 à propos du travail collaboratif. Si le consommateur accède par la plateforme à une vision horizontale de l'offre des multiples restaurants de son quartier, le restaurateur trouvera peut-être avantage à assurer la livraison des plats lui-même, ou à laisser la plateforme s'en charger, avec une grande variété dans le mode de prestations : des livreurs salariés ou indépendants du restaurant lui-même, de la plateforme ou d'un tiers transporteur. Les modèles efficaces se cherchent, mais impliquent en tout cas des modifications juridiques et économiques importantes pour les employés.

La défragmentation fait aussi apparaître et disparaître quantité de fonctions d'intermédiaire. Le grossiste est menacé d'être « désintermédié » ou, au contraire, contraint de développer son expertise logistique dans d'autres domaines ; les agences de publicité, d'intérim, de l'immobilier, le courtage, etc., vont subir le choc de la réduction des coûts d'appariement entre producteur et client final, à chaque fois avec des opportunités d'extension ou des risques de disparition. Ezratty (2016) analyse par exemple le choc numérique que risquent de subir les professions libérales. Meilleurtaux, le courtier français en produits financiers, est parti d'une simple fonction de comparateur de conditions de prêts immobiliers. Après des péripéties qui ont failli le mettre en faillite, il se lance dans le courtage internet sur une gamme plus large de services financiers, et avec un certain succès[1].

LES GAINS POTENTIELLEMENT IMMENSES DU NUMÉRIQUE

C'est avec un biais qu'on regarde la technologie des plateformes, ou encore la « technologie sociale » : on s'émerveille de la simplicité qu'elles apportent dans les interactions entre les gens et les consommateurs, ouvrant pour eux de nouveaux horizons, mais on oublie que cela vaut autant et peut-être surtout au sein des entreprises, qui sont des lieux privilégiés d'interaction.

Par exemple, une étude de McKinsey (2016b) fait le constat que les salariés dans des postes informationnels passent de l'ordre de 13 heures par semaine à lire, écrire, consulter leurs mails, etc. Or, une bonne fraction des mails perd de son intérêt si l'information est disponible sur des réseaux internes et consultable aisément. Si l'on parle d'un meilleur appariement entre les producteurs et les consommateurs que nous sommes, cela vaut tout autant au sein d'une entreprise incluse dans une chaîne de valeur industrielle : on gère mieux les risques de rupture d'alimentation ou le juste-à-temps en matière de stocks, dès lors que des capteurs bien placés informent sur les risques de goulots d'étranglement. De

1. Fondée en 1999, elle avait été la première société introduite en Bourse, sur Alternext. BPCE l'avait rachetée pour 125 M€ en 2007, préfigurant, mais bien trop tôt, la stratégie numérique ambitieuse qu'ont désormais les banques. Malheureusement, juste avant la crise financière de 2007. Malgré une recapitalisation de 35 M€, elle n'a jamais réussi à la rentabiliser. De guerre lasse, elle l'a vendue au fonds Equistone en 2013 pour 20 M€. Meilleurtaux vient, en 2017, d'être revendue à un fonds géré par Goldman Sachs, à un prix non public mais qui tient certainement en compte le fait que son résultat d'exploitation de 2016 s'affiche à… 20 M€.

même pour les « chaînes de valeur administratives », par exemple pour les relations entre une direction commerciale et une direction des achats au sein d'une grande entreprise. De même encore, les coûts de maintenance diminuent, le temps d'accès au marché *(time to market)* se raccourcit, la prévision de la demande est meilleure, la qualité de la production est contrôlée statistiquement, les temps d'arrêt machine ou leur fréquence réduits, tout comme la consommation d'énergie. Pour les entreprises de biens de consommation, le partage de l'information permet un ciblage plus précis des clients et un bouleversement des techniques du marketing.

L'étude citée en arrive ainsi à un chiffrage de l'ordre de grandeur des économies ou gains de productivité dans différents segments de l'activité productive, ceci au cœur même de l'industrie manufacturière. Pour en citer quelques-uns :

Tableau 9

Poste concerné	Gain de productivité réalisable
Énergie intelligente, *smart grid*	5 à 10 %
Réduction des temps d'arrêt machine	30 à 50 %
Coût de gestion des stocks	20 à 50 %
Précision des prévisions de demande	85 %+

On imagine que ces estimations de gains, étonnamment précises, viennent d'analyses monographiques tirées d'expériences client. Celle qui traite de la prévision plus fine de la demande prête à sourire, ce livre tentant de montrer que la prévision reste un art difficile, surtout quand elle traite du futur, pour se rappeler Pierre Dac.

Mais preuve est faite que l'évaluateur peut de moins en moins faire l'économie d'études d'impact fouillées, aidé du spécialiste industriel, lorsqu'il souhaite apprécier la valeur financière d'une entreprise. Y compris d'une entreprise qui échappe *a priori* à la catégorie du numérique. Car si la numérisation remet en cause et détruit des valeurs acquises, elle est un levier considérable de gains de productivité.

Numériser son entreprise est difficile

Pour autant, ce processus ne va pas de soi. Numériser n'implique pas seulement l'usage d'un canal numérique – se connecter à sa banque par Internet, par exemple –, mais souvent une réorganisation en profondeur des processus de production, de vente ou de gestion du personnel. Certains travaux empiriques inquiètent à ce sujet en montrant la faible diffusion des innovations numériques dans le monde de l'entreprise. Par exemple, une étude de McKinsey (2017) indique que plus de 75 % des 2 000 entreprises enquêtées n'ont pas entamé de façon crédible cette transition, la France n'étant pas la mieux placée à cet égard. Ce que vérifie aussi une enquête conduite par l'OCDE (2014) à propos de la France, même si cette dernière est très bien placée en nombre d'ingénieurs dévolus au numérique.

Il faut peut-être remettre en cause le modèle schumpétérien souvent à la base de nos raisonnements sur l'avancée du numérique dans les économies, nous disent, dans une étude récente, des économistes de l'OCDE (Andrews *et alii,* 2016) au titre évocateur *(« The Best Versus the Rest »).* On connaît de Schumpeter le terme de « destruction créatrice », répété à l'envi et qui fascine toujours Peter Thiel (2014). Derrière ce terme, il y a un modèle qui prédit une convergence technologique entre les entreprises, et donc entre les secteurs d'activité, puisqu'il n'y a destruction d'anciennes activités qu'à condition qu'elles soient remplacées par des activités plus productives. Or, il semble se créer, depuis deux décennies, une sorte de dualisme dans les grandes économies, entre des entreprises « gagnantes » et des entreprises « à la traîne », qui restent, pour ces dernières, viables mais avec des performances bien moindres. Qui plus est, l'écart entre ces deux groupes s'accroîtrait. Le graphique qui suit illustre le phénomène[1].

1. En retenant comme « gagneuses » le 5 % des entreprises les plus productives et comme mesure de la productivité, la valeur ajoutée par travailleur. Le graphique porte tant sur les grandes entreprises du numérique que sur les autres grandes entreprises, mais le phénomène est particulièrement marqué pour les premières.

Graphique 12 : Productivité du travail dans les secteurs manufacturiers et des services. Différence entre entreprises à la frontière et entreprises à la traîne.

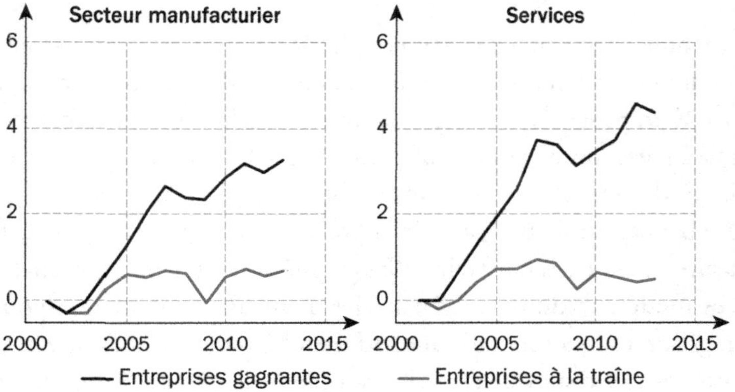

L'étude de l'OCDE souligne que les grandes entreprises ne marquent pas de réduction du rythme de leurs gains de productivité et, en tout cas, ne se soumettent pas à la thèse selon laquelle nos économies connaîtraient un recul du rythme du progrès technique (la « stagnation séculaire »). S'il y a ralentissement au niveau global, c'est uniquement parce que le reste des entreprises reste en arrière, ce qui n'était pas le cas avant. Comment expliquer le phénomène ? Les auteurs mettent le doigt sur le facteur de rendements croissants et de captation des profits par pouvoir de marché. Il gêne la concurrence et empêche l'avancée plus rapide du numérique dans l'économie, que ce soit par imitation ou remplacement des firmes existantes. La transformation numérique devient souvent inaccessible aux entreprises qui ne sont pas rentrées à temps dans la course, et aussi à des blocages réglementaires et institutionnels (droits de propriété intellectuelle trop rigoureux, marché des services trop segmentés et mal régulés, etc.).

Les entreprises, actrices dans la transformation numérique de leur offre

Les grandes entreprises s'en sortent plutôt bien, soit par transformation conduite en interne pour acquérir ces technologies, soit par acquisition d'entreprises. Une banque comme Crédit Mutuel Arkéa mène une stratégie numérique ambitieuse, qu'elle accomplit par l'achat délibéré de nombreuses startups qui couvrent différents segments de l'offre bancaire. Elle tire parti de sa position stratégique de petit acteur bancaire : certes, ces nouvelles offres numériques sapent la profitabilité de ses métiers traditionnels, mais elle n'en subit le coût que pour sa part, géographiquement réduite, du marché français, alors que le gain est sur tout le reste du territoire français – et demain à l'international. Mais les banques plus importantes suivent, et recrutent désormais beaucoup d'informaticiens alors qu'elles réduisent les postes de traders, les premiers travaillant d'ailleurs à la mise au point des algorithmes qui suppriment les seconds. Et se mettent, quand il le faut, à l'achat de startups du numérique (Compte-Nickel racheté par BNP Paribas, *cf.* encadré 21). Après tout, le numérique limite l'intérêt de l'ancrage territorial et peut être une stratégie d'entrée à l'international.

Encadré 21 : La numérisation et le potentiel de la pure banque de dépôts

BNP Paribas a racheté au début 2017 Compte-Nickel, un franc succès dans le monde de la banque de dépôts, ciblée sur les bas revenus. Les chiffres parlent d'eux-mêmes : plus de 500 000 clients aujourd'hui, pour une startup de trois ans d'existence. Un prix qui serait de l'ordre de 200 M€. Compte-Nickel n'a rien d'une fintech dans sa distribution. Au contraire, elle se repose sur un réseau parmi les moins « internet » qui soit : celui des buralistes, avide d'autres sources de revenu, bien réparti sur le territoire et lieu de passage obligé pour beaucoup de gens. Et Compte-Nickel s'occupe de la clientèle bancaire qui a des fins de mois difficiles, une clientèle qu'on ne pouvait rentabiliser – pour répéter le mot cynique d'un banquier – qu'en lui soutirant le maximum d'argent à l'occasion des inévitables découverts bancaires qui vont avec la précarité. Le succès de Compte-Nickel illustre que cette clientèle attend, bien sûr, l'accès au système de paiements mais aussi un garde-fou contre le découvert.

Mais Compte-Nickel illustre aussi les effets de la révolution du numérique pour le système de paiements : des transactions réduites à des flux d'électrons dont le coût physique tend rapidement vers zéro ; où, de plus, le contrôle sur l'alimentation du compte se fait dans l'instant, de sorte que les découverts et donc le risque de crédit disparaissent quasiment. Il reste d'autres coûts, bien sûr, mais cela peut marquer l'avènement d'un modèle bancaire de pur débit. La banque a traditionnellement fonctionné comme une plateforme biface : emprunteurs et créanciers se renforcent les uns les autres, sachant que le coût de gestion des comptes est compensé par la rémunération sur les placements des dépôts, et que le fonctionnement du compte courant donne une information sur la qualité de crédit du client. On peut très bien assister aujourd'hui, sous les coups de la fintech, à un démembrement des deux fonctions, ce qui, si l'on en croit Rajan (1998), serait un retour aux origines du métier de banquier et pourrait ouvrir d'autres « options de croissance ».

Enfin, il faut noter ce phénomène propre à l'économie numérique : la tendance à la concentration est rapide. Les succès des plateformes numériques poussent au rachat par les plus gros (qui bénéficient déjà des effets d'échelle) ou par des acteurs traditionnels qui ne veulent pas être distancés, ici BNP Paribas ayant devancé dans l'acquisition Crédit Mutuel Arkéa qui, pourtant, en assurait le service de paiement. En matière de fintech, on n'a pas encore vu de nouvel entrant capable aujourd'hui de menacer les acteurs en place, ou simplement de se tailler, de façon autonome, une part de marché stable.

Dans le secteur de la presse, les journaux désormais intègrent pleinement les équipes rédactionnelles papier et numérique, et se voient comme des prestataires d'information tous supports, y compris sur des supports qu'ils ne contrôlent pas. Dans la grande distribution, les acteurs construisent à marche forcée leur e-distributeur interne, avec l'avantage de pouvoir utiliser les magasins « physiques » comme relais logistique. Walmart est devenu le deuxième site le plus fréquenté aux États-Unis. C'est ce même motif qu'on retrouve, pour partie, dans l'acquisition de Darty par Fnac : faire désormais jeu égal avec Amazon en audience internet, alors que, séparés, les deux ressortaient respectivement aux 11e et 3e places, et Amazon à la première. Enfin, dans le secteur automobile, les constructeurs allemands, sous la menace que des entreprises numériques pénètrent l'habitacle de l'auto sur ses fonctions les plus importantes, rachètent le service de cartographie de Nokia, *HERE*.

En cas d'acquisition, le dilemme est de savoir s'il convient de racheter la majorité de la plateforme et ainsi la contrôler, ce que fait Crédit Mutuel Arkéa dans sa marche vers la banque digitale ou Daimler qui achète MyTaxi, un clone allemand d'Uber ; ou bien le faire en minoritaire, par exemple Microsoft qui investit 1 Md$ dans le même Uber. Minoritaire, on dispose d'un poste d'observation, on ne déstabilise pas ses propres équipes et celles de la startup – qui d'ailleurs ne souhaitent souvent pas, s'agissant de leurs dirigeants, céder le contrôle – et on garde l'option de racheter plus tard la majorité. Mais on perd en rapidité d'intégration et donc en bénéfice de numérisation. KPMG (2017), qui fait une recension régulière de ce qu'on appelle désormais le *corporate venture,* estime qu'aujourd'hui les entreprises sont présentes dans une proportion de 22 % dans le total des transactions européennes sur startups au premier trimestre 2017. Ce chiffre n'était que de 12 % en 2015. Et il y aurait, en France, 130 grandes entreprises disposant d'un incubateur interne. Il est heureux de constater que de nombreux groupes enregistrent des succès dans ce registre. C'est le cas pour Schibsted avec Leboncoin.

Leboncoin, un succès numérique né dans le giron d'un groupe de presse

Leboncoin, certainement le site d'échange entre particuliers le plus connu en France, est la pépite du groupe norvégien Schibsted. Il s'agit d'une place de marché où les particuliers, et désormais les entreprises, postent des annonces d'achat ou de vente et exécutent par eux-mêmes les transactions. Il a une approche verticale, produit par produit, et enrichit constamment sa palette, récemment l'immobilier, domaine dans lequel il occupe désormais la première place en France pour les transactions réalisées, ainsi que, plus récemment encore, l'emploi.

Il est directement l'émanation, sans disruption forte, du métier traditionnel qu'exerçait le groupe Schibsted qui, comme tout acteur de la presse, avait traditionnellement son activité d'annonces classées (les « petites annonces »). Plutôt que de se désoler de la disparition de ce métier autrefois très rémunérateur, Schibsted, pariant sur un informaticien de talent, a fait dès 1996 la bascule vers Internet, et – prudence combinée à astuce – l'a fait en Suède plutôt qu'en Norvège, pour éviter une cannibalisation trop brutale. Ce fut le site Blocknet.se, qui fut un relatif succès. Dix ans plus tard, devenu un acteur important de la presse gratuite en France, il crée Leboncoin en partenariat avec le groupe Spir Communication (dont il a racheté les parts depuis).

La croissance récente de Leboncoin, à la fois interne et par acquisition, est très forte : + 19 % pour l'année 2016, de sorte que Leboncoin est désormais un contributeur majeur du groupe Schibsted. Si, avec 214 M€ en 2016, son chiffre d'affaires ne fait encore que 13 % de celui du groupe, sa marge (EBITDA), avec 129 M€, en dépasse la moitié (56 %). Et son taux de marge est de 60 %, une performance rare, y compris dans le secteur des plateformes, puisqu'elle n'est dépassée que par Facebook parmi les opérateurs cotés. Par comparaison, Schibsted reste en dessous des 4 % de marge dans ses métiers traditionnels, qui plus est, à faible croissance (on ôte pour ce calcul les répliques de Leboncoin à l'étranger). Une question à suivre sera la capacité de Schibsted à rester un actionnaire efficace pour un métier dont les caractéristiques industrielles et financières restent encore éloignées de ce qui demeure son cœur de métier. Soit Schibsted, si le succès continue, y compris dans ses déclinaisons à l'étranger, ira se fondre dans Leboncoin ; soit il le cédera.

Leboncoin illustre parfaitement la notion d'épaisseur de marché décrite au chapitre 1, où vendeurs et acheteurs s'attirent mutuellement, avec les rendements croissants associés. Leboncoin a évincé eBay du marché français, pour prendre l'exemple d'un concurrent direct.

Avant de tenter une évaluation, il faut remarquer que son modèle n'est pas à l'abri de la concurrence. En effet, simple site d'annonces, il connaît mal par qui et à quelles conditions se font les transactions qui adviennent sur son site. C'est différent d'un Amazon qui assure, notamment pour les intervenants entreprises, l'essentiel de la logistique de l'échange, et donc accumule massivement de la donnée sur ses clients. La société eBay – autrefois un modèle de Leboncoin – stagne, en grande partie, sous la pression d'Amazon, mais aussi de Facebook qui rend désormais aussi le même service d'annonces. De plus, favorisant les échanges locaux, la formule n'est pas réplicable à l'identique dans d'autres pays : il n'y a pas l'effet de levier d'un Snap. En même temps, ce côté très « collaboratif », très local et pas trop mercantile lui assure sympathie et fidélité de la part du public. Il y a ici un dilemme stratégique à résoudre, ce que le site est sans doute capable de faire par le haut.

Le tableau qui suit fait la pesée de Leboncoin par le seul multiple d'EBITDA. Sur base de la moyenne des multiples 2016 de Schibsted lui-même, de eBay et d'Amazon, soit 20,5X, le site aurait une valeur financière de 2,6 Md€.

Tableau 10

En 2016	Amazon (Md$)	eBay (Md$)	Schibsted (M€)	Moyenne (x)	Leboncoin (M€)
EBITDA	15,2	3,3	229		129
Taux de marge	16 %	37 %	13 %		60 %
Capitalisation (au 24/03/2017)	403	36	6 513		
Valeur d'entreprise	377	29	6 382		Valeur
Multiple d'EBITDA	24,8×	8,8×	27,9×	20,5×	2 645

Source : Rapports annuels 2016 des sociétés.

NB : Chiffres de Schibsted convertis en euros ; la valeur d'entreprise prend en compte le cash au bilan des entreprises et diffère donc de la capitalisation.

On déconseillait au chapitre 4 de se contenter d'un multiple moyen, disant qu'il valait mieux des scénarios tranchés, reflets de la problématique stratégique de l'entreprise. Le multiple de Schibsted est très élevé et traduit en partie la rareté du titre sur la Bourse d'Oslo. Mais celui d'eBay exprime bien la réalité d'un groupe dont la croissance apparaît bloquée, une situation que peut rencontrer Leboncoin s'il s'engage dans les mêmes travers stratégiques. La marge elle-même de Leboncoin, à 60 %, est peut-être trop forte, signe en général d'un groupe qui se projette insuffisamment dans la croissance future, commercialement ou en R&D, ce qui commande un multiple moindre que celui d'Amazon. Mais à 15X, disons, la valeur de l'entreprise atteint quand même les 2 Md€. On est loin de Snap, mais voici une belle licorne largement ignorée par le monde financier français.

Un retour vers les actifs physiques ? Vers les conglomérats ?

On notait que le poids du corporel dans les bilans des entreprises, et plus encore dans leurs valorisations, s'amenuisait rapidement au profit de l'immatériel. Mais la marche vers la numérisation oblige à des reconfigurations. Les secteurs de l'hôtellerie, du transport ou de la restauration en sont des exemples. Il y a eu une recommandation boursière fréquente, au début des années 2000, de dissocier la détention des actifs physiques de l'activité cœur. Les fonds activistes venus des États-Unis ont joué un rôle important pour pousser à ce mouvement. Par exemple, Carrefour devait céder les murs des galeries commerciales où opèrent ses magasins ; Accor ses immeubles ; et aux États-Unis, McDonald's devait passer également en mode location de ses sites. L'idée était qu'il était possible de trouver du financement peu coûteux pour de tels actifs, et de réserver les levées de fonds propres sur la pure activité de services, plus risquée peut-être, mais avec un retour sur fonds propres (ou ROE)[1] plus important. Au fond, étendre à d'autres secteurs économiques ce que les transports aérien et maritime connaissent depuis longtemps. Arrive alors la numérisation, et le constat douloureux pour beaucoup de ces groupes de l'arrivée d'acteurs qui se glissent comme intermédiaires ou courtiers efficaces entre eux et le client final. Booking.com, dans le cas de l'hôtellerie, est le cas le plus patent. Cela contribue à inverser le mouvement précédent : contrôler son immobilier, l'adapter constamment à ses besoins est efficace opérationnellement. Mais surtout, c'est une garantie de valeur, de ne pas voir réduire son métier à celui de changer les draps le matin, ce qui est d'ailleurs le travail d'un prestataire externe. McDonald's verrait-il son succès terni par les campagnes pour une alimentation plus saine ? Il aura le temps et les moyens de se réorienter, tant est grande la valeur immobilière de ses sites, souvent idéalement placés au cœur des villes, tout dernièrement dans l'enceinte du Vatican. Le « physique » joue pour ces groupes le rôle de socle de valeur, voire d'assurance-vie, que joue le cash pour les grands acteurs du numérique et du high-tech (encadré 19). Le groupe Accor vient, au début de 2017, de confirmer sa stratégie du démembrement, en confiant ses sites immobiliers à une entité filiale dont des investisseurs externes vont progressivement prendre la majorité. Il compte utiliser les fonds récupérés à cette occasion pour suivre une agressive stratégie dans les services, y compris numériques. Comme quoi, il n'y a jamais de stratégie écrite. Mais voici un risque pris.

Le nouveau rôle des holdings ou conglomérats

Une autre tendance apparue à l'aune du numérique est la résurrection d'une forme d'organisation financière honnie à Wall Street, celle d'un groupe faisant le choix de détenir un portefeuille de métiers

1. Rendement sur fonds propres *(Return On Equity)*, c'est-à-dire le ratio du résultat net aux fonds propres comptables.

sans nécessairement la recherche de synergies de nature industrielle, ce qu'on appelle un holding ou un conglomérat[1]. Or, quelques-uns des plus beaux succès dans le numérique viennent de sociétés qui prennent la nature financière de holding, même si chacune des entreprises détenues est elle-même dans le numérique. On mentionne ainsi : Priceline Group (États-Unis, qui possède en particulier Booking.com), SoftBank (Japon), Naspers (Afrique du Sud), IAC InterActive Corp (États-Unis) et Rocket Internet (Allemagne). Même un Google s'est réorganisé, sous le chapeau d'un holding appelé Alphabet, en un groupe détenant, d'un côté, le moteur de recherche et la régie et, de l'autre, de nombreuses initiatives industrielles, à caractère de startup assez souvent, disposant de moyens financiers considérables. Larry Page, un des deux fondateurs du groupe, rend un hommage appuyé à Warren Buffet, le dirigeant de Berkshire Hathaway, le plus important holding industriel du monde[2]. C'est peut-être plus encore le cas pour Amazon.

Ainsi, la numérisation est en train de mettre à mal deux idées, choyées jusqu'à peu par les banques d'investissement de Wall Street et faisant partie de la doxa diffusée par les business schools : la première selon laquelle le groupe industriel diversifié serait une relique du passé et qu'il faut impérativement spécialiser chaque groupe sur son cœur de métier. La seconde, on l'a vu plus haut, que les grands groupes ne sont pas capables de porter des innovations, surtout de rupture, celles-ci étant, pour simplifier, le fait des startups, de géniaux novateurs travaillant depuis leur garage.

D'un strict point de vue financier, le groupe industriel diversifié – comme l'était, par exemple, Alcatel-Alstom qui s'est vu progressivement démantelé, alors qu'il pesait cinq fois la taille du conglomérat

1. Financier ou industriel, selon le degré de proximité des participations détenues.
2. *Cf.* « Alphabet can create a clever conglomerate », *Financial Times* du 2 janvier 2017.

coréen Samsung au moment de sa création – remplit deux fonctions : il distribue le *cash flow* des filiales bénéficiaires vers les activités en phase d'investissement ou de décollage, et ceci à un coût relativement minime, notamment d'un point de vue fiscal ; il diversifie le risque pour les actionnaires en les faisant accéder d'un coup à un portefeuille d'activités multiples. En quelque sorte, il forme un marché du capital *interne,* ce qui rassure les banquiers prêteurs. Du point de vue des ressources humaines, il fait circuler son « capital humain », témoin le groupe General Electric ou, en France, le groupe Bouygues de la grande époque qui lâchait des talents aguerris dans le BTP vers les nouveaux métiers des médias ou du téléphone. D'un point de vue industriel enfin, le groupe diversifié est capable, fort de son *cash flow,* d'explorer de nouveaux domaines ou de soutenir un domaine par l'autre. Il faut se rappeler quel immense incubateur a été l'ancienne Compagnie générale des eaux dans la France des Trente Glorieuses. Elle ne faisait pas remonter vers ses actionnaires la rente de ses contrats dans les eaux. Dans une analyse assez fine du groupe Amazon, Nicolas Colin (2016) fait l'analogie, *a priori* peu évidente, entre son modèle économique et celui du groupe Vinci, qui opère dans le BTP et les métiers de concession. Les concessions (parkings, autoroutes) sont des métiers à cycle long, exigeant beaucoup de capital ; le BTP est, au contraire, à cycle assez court, exige peu de capital et dégage un flux de trésorerie très abondant. Là aussi, un beau *flywheel.* Vu avec la lunette « holding », Amazon est à la fois distributeur et logisticien – et, d'ailleurs, alourdit de plus en plus son bilan d'investissements corporels en entrepôts et en stocks de marchandises –, mais aussi place de marché (à la Leboncoin), un métier purement « immatériel » et apporteur de grosses marges (*cf.* graphique ci-dessous, le *flywheel* marqué d'une flèche).

Graphique 13

Amazon

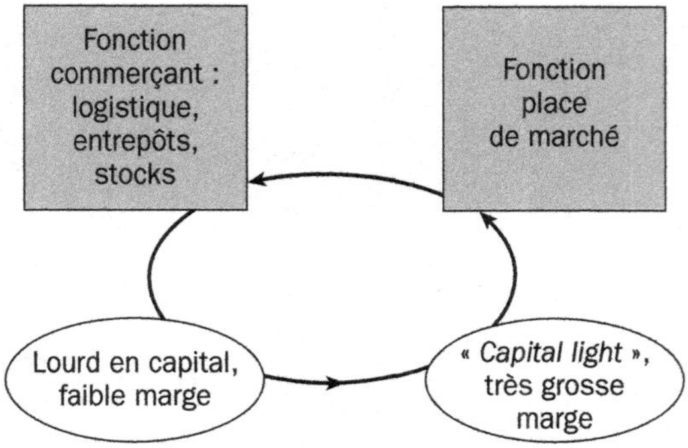

C'est le formidable développement des marchés financiers *externes,* notamment celui de la dette, qui a rendu moins utile une organisation du capital sous forme de conglomérat. Il devient possible de développer des activités nouvelles par mise en Bourse, par recours au *private equity,* par accès à des marchés de la dette acceptant de façon inconnue autrefois des risques d'entreprise élevés… L'actionnaire n'a plus besoin qu'une entité organisée en société prenne en charge la diversification : il peut la faire tout seul. C'est pertinent et, en général, efficace, mais à la condition de disposer de marchés financiers très puissants, notamment du *private equity* et du *venture capital.* C'est le cas aux États-Unis, qui gardent pourtant et font naître tous les jours des structures de holding. Ce n'est pas encore le cas en Europe et en France, de sorte qu'on risque de n'avoir ni constitution de puissants acteurs du numérique ni holdings, ceci en raison du *mantra* de la « valeur actionnariale » porté par des fonds activistes venus, c'est l'ironie, des États-Unis.

Conclusion

Le rôle du marché, des procédures d'enchères et des évaluateurs

Il n'y avait guère de professionnels de l'évaluation quand sont apparus le chemin de fer et la fée électricité. Mais on imagine le désarroi qui les aurait saisis devant des phénomènes aussi majeurs et déstabilisants pour le monde industriel. La révolution numérique est de même nature et le mouvement mis en branle est loin d'avoir épuisé tous ses effets.

Devant des projets entrepreneuriaux de rupture, beaucoup se réfugient dans une forme de scepticisme dédaigneux. « Qu'est-ce que ça vaut ? On n'en sait tout simplement rien. » La route est ainsi barrée à toute tentative d'évaluation. Cette attitude ne cache souvent rien d'autre que la peur du risque ou, de cette variante s'agissant de sa réputation qu'on appelle la peur du ridicule.

Ce livre est là pour mettre un peu d'optimisme, si l'on accepte de modérer quelque peu les ambitions que peut avoir l'exercice d'évaluation. Il a montré, dans le cas des start-ups innovantes, que les investisseurs ont au final une approche tout à la fois empreinte de raison et très technique : ils donnent certes un prix assez forfaitaire, mais à chaque fois en ne trempant que le bout du pied, sur des montants de capital relativement réduits, quitte à ce que les initiateurs du projet reviennent à eux une fois l'étape franchie. Ils comptent bien d'ailleurs que les initiateurs aient à nouveau besoin de leurs fonds pour garder un levier sur eux et que les échanges d'information se poursuivent. Ils trouvent aussi avantage à ce que la communauté des investisseurs, ceux qui composent au total le « marché » des startups, adoptent à peu près les mêmes conventions et processus d'évaluation qu'eux et qu'il n'y ait pas trop de francs-tireurs qui pourraient déstabiliser par des prix « inconvenants » ce marché relativement fragile. Il y a une compétition farouche, mais en même temps une part de collusion dont on peut souhaiter qu'elle aide à la liquidité du marché, à l'émergence de startups et à la collecte de l'épargne pour les financer.

On a vu aussi le rôle déterminant des garanties, clauses contractuelles, options et autres que retiennent les investisseurs pour encadrer le prix. Ces garanties, matérialisées au sein des pactes d'actionnaires, des statuts de la société ou de la formalisation juridique des titres financiers émis, sont des formes de contrats d'assurance, qu'on ne peut bien sûr pas évaluer précisément, mais qui viennent réduire le prix financier facialement offert, ou qui permettent aux investisseurs de se retirer en limitant leurs pertes si le pari initial leur apparaît erroné.

Allant plus avant, cela concerne tout exercice d'évaluation. Si l'incertain est quantifiable, si on peut lui assigner une loi de probabilité précise, ce n'est plus de l'incertain. C'est dans ce paradoxe qu'est prise cette discipline qu'on appelle l'évaluation financière, parce que tous les objets qu'elle se cherche à évaluer ont leur part d'incertain. Elle est aussi « spéculation », au sens propre de regard prospectif et raisonné. Quand elle use de techniques quantifiées, comme on l'a vu avec la méthode des comparables et la DCF, c'est dans une grande mesure afin d'aider à cadrer le raisonnement, à formuler les hypothèses, à explorer les futurs possibles et à rendre cohérents les motifs qui conduisent à la décision.

Les techniques d'évaluation sont donc des instruments heuristiques, qui révèlent les préférences. On le voit quotidiennement sur les marchés financiers où se traitent pourtant des actifs dont le prix est parfaitement connu, devises, commodités, taux d'intérêt, obligations… Beaucoup de traders, même parmi les plus rationnels, les mieux dressés par leurs écoles d'ingénieur, se reposent sur l'« analyse technique », cette discipline qui se donne pour objet de prédire les prix de marché par simple examen des régularités dans les graphiques boursiers. À les voir penchés sur leurs courbes, on les prendrait pour ces aruspices d'antan scrutant les entrailles d'un animal sacrificiel. La recherche académique ne cesse de douter du pouvoir prédictif de cette technique, et théorise même sa critique sous l'argument du « marché efficient » selon lequel le prix d'un marché liquide et bien organisé recèle déjà tout ce qu'il est économiquement possible de collecter sur le bien ou l'actif échangé. Mais qu'importe. Cette gestuelle leur permet d'asseoir des convictions, leur donne un socle d'arguments pour la décision et fait ainsi qu'ils apportent leur contribution « informationnelle », bonne ou mauvaise, au marché.

Enfin, il faut échapper à une vision selon laquelle l'évaluation, et donc l'évaluateur, serait en quelque sorte en surplomb du marché, un personnage extérieur, dont la fonction serait, de par l'accès à certaines techniques financières, de guider ou d'accoucher le marché. Le marché est tout comme lui un « évaluateur » et les deux procèdent de concert. Les évaluateurs sont une des pièces de l'architecture qui caractérise un marché qui fonctionne bien et il est utile que suffisamment de ressources leur soient consacrées. L'organisation du marché fait d'une certaine façon partie de l'exercice d'évaluation.

Les œuvres d'art sont notoirement des objets redoutables pour qui veut les évaluer. Que vaut la dernière œuvre sortie de l'atelier de Jeff Koons ? ou ce tableau oublié de Jean-Michel Basquiat ? L'expert intervient, met des prix de réserve, établit des comparables, mais il a surtout la prudence de se replier derrière une procédure d'enchères, qui permettra que se révèle un prix. Les intervenants useront ici d'arguments rationnels, là de martingales qui leur sont propres et qu'ils gardent jalousement, là encore de l'instinct et du « gut feeling ». Ceux qui ont perdu lors de l'enchère diront comme de juste que le prix était délirant ; ou bien ils prendront conscience que quelques millions de plus leur suffisaient pour gagner (ce qu'on appelle la « malédiction du perdant »). Celui qui l'a emporté brandira son trophée ; ou bien verra avec atterrement qu'il aurait pu gagner en misant beaucoup moins tant est grande la distance entre lui et le second mieux – disant (la malédiction du gagnant[1]). Ce qui importe ici, c'est autant l'évaluation externe que la mise en place des conditions pour que le prix soit au mieux révélé et que l'évaluation puisse procéder. En 2015, l'Inde a mis en place une procédure d'enchères, comme c'est désormais la règle, pour les fréquences hertziennes de téléphonie mobile. Les experts, qui sont eux aussi des évaluateurs, estimaient à 10 Md€ le montant que pouvait recouvrer l'État indien. Le résultat de l'enchère a atteint finalement 17 Md€. C'est peut-être le signe que la procédure ouverte de marché a mieux été capable que les évaluateurs d'agréger l'information. Mais peut-être aussi l'indice que la procédure a pesé par elle-même sur la façon dont se font formées les convictions. Les professionnels des fusions-acquisitions ont leurs mécanismes et protocoles pour vendre ou acheter au mieux une entreprise, en l'absence d'un marché organisé où se négocient régulièrement les actions. Les enchères, nous disent les historiens, étaient omniprésentes dans l'Europe médiévale, contrairement à l'idée que ces époques précapitalistes échappaient aux logiques de marché[2]. La notion même de « juste

1. Ces deux malédictions sont fréquentes dans le cas d'enchères à enveloppes fermées, où l'on ne connaît pas le prix offert par les concurrents, ce qui est en général le cas pour les actifs très spécifiques et qu'on voit également dans les achats et ventes d'entreprises non cotées par fusion-acquisition.
2. Voir par exemple Laurence Fontaine (2008), « L'économie morale. Pauvreté, crédit et confiance dans l'Europe préindustrielle », Paris, Gallimard. L'auteur en fait un résumé utile, disponible sous internet : « Les enjeux politiques et sociaux du marché dans l'Europe moderne », publié dans laviedesidees.fr, le 19 janvier 2016.

prix », à fort contenu religieux, n'était pas si éloignée de la notion chère aux économistes de prix résultant d'une concurrence pure et parfaite, c'est-à-dire la reconstruction quelque peu idéale d'une procédure évitant les collusions, les monopoles et les rapports inégaux entre intervenants, pour décider du prix auquel se fera l'échange.

S'agissant des startups du numérique, une introduction en bourse, ou un marché assez ouvert d'acteurs du *venture capital*, est un instrument qui établit une évaluation, et l'évaluateur travaillera en parallèle à la procédure de marché. Il lui apporte ses estimations, il les modifie au vu de ce que lui renvoie le marché. C'est ce que font les analystes quand ils produisent des recommandations sur le titre Snap. C'est ce que feront les acteurs du *venture capital* quand ils voudront participer au tour suivant de la société Sarenza.

Et il importe de le faire professionnellement.

Les 10 points du paradigme numérique pour l'évaluateur

Les références anciennes, le « paradigme », sur lesquels s'appuyait l'évaluateur, doit être mis à jour à l'âge numérique. On résume en 10 points ce qu'il en est de la pratique numérique de l'évaluation :

1. Aux stades premiers de développement, ceci valant pour toute startup, numérique ou pas, financement et valorisation vont main dans la main : c'est le potentiel du projet qui commande l'enveloppe du financement, et c'est le financement obtenu qui donne la valeur financière au projet.
2. L'évaluation est alors étroitement liée à deux paramètres : le montant d'argent qui est mis dans la société (le *new money*), c'est-à-dire le projet de croissance et d'investissement qu'on lui assigne ; et la part au capital de ce *new money*. Conventionnellement, cette part

est proche du tiers de la valeur totale *post-money,* ce qui décrit l'équilibre habituel entre anciens actionnaires et nouveaux.

3. Une référence commode à ces tout premiers stades est de rapporter la valeur *post-money* aux ventes faites par l'entreprise. On raisonnera donc fréquemment en multiple de ventes, plus rarement en multiple d'indicateurs de rentabilité. Mais toutes les exceptions sont possibles.
4. Les investisseurs compensent toujours l'incertitude du prix affiché par des garanties et sécurités, au cas où la valeur initialement acceptée ne se réalise pas. Il y a donc toute une ingénierie financière pour partager le risque entre les actionnaires du tour précédent (dont les fondateurs lors du premier tour) et les investisseurs qui suivent.
5. Les deux outils majeurs dans la panoplie de l'évaluateur restent en bonne place et prennent rapidement le relais à un stade plus avancé dans le développement de la société : la méthode des comparables et la méthode DCF.
6. L'incertitude est beaucoup plus grande pour une entreprise du numérique que pour une entreprise déjà installée dans un marché mûr. L'analyse de la position stratégique de l'entreprise devient indispensable : il convient de réduire cette analyse à deux ou trois scénarios types, guère plus, de peur de s'y perdre intellectuellement. Ce sont des scénarios d'une entreprise stabilisée – soit dans le succès, soit dans l'échec – à une époque dans le futur qu'il s'agit de déterminer.
7. Ce qu'on appelle « plan d'affaires » en évaluation traditionnelle devient souvent la description du chemin d'accès à ces différents scénarios stabilisés, procédant ainsi « en marche arrière ». S'ils sont vitaux pour la réussite du projet, du point de vue du dirigeant, ils restent secondaires du point de vue de l'évaluation.
8. On est souvent conduit à utiliser une approche mixte, entre comparables et DCF, consistant à faire la projection de la société dans

le futur, et lui appliquer des multiples prospectifs, similaires à ceux de sociétés analogues. La méthode des comparables devient prospective, donne une valeur dans le futur et oblige à actualiser cette valeur à la date présente, comme il est fait dans la méthode DCF.

9. Il est déconseillé de traiter le très fort risque spécifique de l'entreprise numérique à évaluer par des coups de pouce au taux d'actualisation, au risque de tomber dans l'arbitraire. Il est préférable de s'appuyer sur les scénarios types pour prendre en compte l'incertitude et d'actualiser au coût du capital mesuré sur le marché actions.

10. La numérisation traverse toute l'économie. Elle affecte donc également les entreprises traditionnelles. Il y aura de moins en moins d'entreprises purement non numériques. Les recommandations qui figurent dans les points 6 à 9 s'appliquent de plus en plus à l'évaluation classique.

Remerciements

Ce livre est un projet porté par l'Institut Messine, cet actif think tank créé à l'initiative de la Compagnie nationale des commissaires aux comptes, dont la mission est de réfléchir aux grands enjeux, politiques, institutionnels et financiers que rencontrent les entreprises dans le monde d'aujourd'hui. Or, un enjeu de taille est bien celui-ci : qu'en est-il de la valeur d'une entreprise dans un monde qui se numérise à toute allure ? Il est heureux que la profession de commissaires aux comptes, si ouverte au monde de l'entreprise, puisse ainsi établir des ponts avec d'autres métiers engagés dans la bonne marche de l'économie.

À ce titre, je remercie particulièrement Michel Léger, président de l'Institut Messine, ainsi que son comité directeur, qui m'ont soutenu sur ce projet et tout au long de sa rédaction, faisant partager souvent leur propre expérience de l'évaluation.

Nombreuses sont les personnes avec qui j'ai eu la chance d'échanger pour une meilleure compréhension de ce qu'est l'économie numérique et ses enjeux, ainsi que de la façon dont les praticiens de l'évaluation abordent ce sujet nouveau. Il est difficile de tous les mentionner. Je remercie particulièrement :

Téodora Alavoidov (Montefiore)

Olivier Arthaud (Arthaud & Associés)

Philippe Audouin (DFCG, Eurazeo)

Franck Bancel (ESCP)

Jérôme Cazes (MyCercle)

Jean-Marc Espalioux (Montefiore)

Eric Hazan (McKinsey)

Ronan Le Moal (Crédit Mutuel Arkéa)

Emile Meunier (Meunier Avocats)

Alain Minczeles (CDC)

Henri Philippe (Accuracy)

Sunny Paris (Yoolink/You Don't Need a CRM)

Pascal Quiry (*La Lettre Vernimmen*)

Jean-Florent Rérolle (KPMG)

Jacques Tierny (Gemalto)

Bruno Vanryb (Avolta Partners)

Michel Volle (Institut de l'iconomie)

Un remerciement tout spécial s'adresse à Henri Philippe, Jean-Florent Rérolle, Alain Minczeles et Jérôme Cazes, qui, au-delà de leurs avis bienveillants, ont généreusement participé à la relecture de l'ouvrage. J'adresse aussi un salut tout amical et plein de gratitude à Philippe Manière et Camille Formentini, de Footprint > consultants. Ils ont été maître d'œuvre dans ce projet, en association avec l'Institut Messine, m'ont aidé de leurs conseils de rédaction, de leur appui en documentation et dans le contact de personnes qualifiées sur le sujet. Bien entendu, les opinions exprimées dans cet ouvrage restent de mon fait et n'engagent nullement ni les personnes citées ni l'Institut Messine.

Un mot aussi, mais important, pour les équipes des Éditions Eyrolles, particulièrement Florian Migairou et Rachel Crabeil, si utiles dans la finalisation du texte et dans le respect des délais. Et je me tourne pour finir vers ma famille, particulièrement Paula et Coralia, dont la patience et la bienveillance ont accompagné toute cette rédaction.

Lectures recommandées et bibliographie

Lectures recommandées

Pour ceux qui s'intéressent au monde des startups et du numérique, on recommande plus particulièrement, au terme de cet ouvrage, quatre bloggeurs et investisseurs français, avec peut-être une préférence pour le premier blog qui allie efficacement économie, stratégie et finance, sachant que pour des informations plus technologiques, le blog d'Olivier Ezratty est imbattable :

- Le blog de Nicolas Colin, Welcome to The Family
- Le blog que tient Frédéric Filloux avec Jean-Louis Gassée, MondayNote Newsletter
- Et celui d'Olivier Ezratty, Opinions libres

Les Échos publie quotidiennement désormais des nouvelles sur la scène française et internationale, des startups et du numérique. Indispensable.

Les grands cabinets de stratégie et les « Big Four » en audit ont chacun leur publication régulière sur l'économie numérique, de bonne facture. On retient particulièrement la lettre régulière publiée par McKinsey *(www.mckinsey.com/quarterly/overview)*.

Pour l'approche évaluation, la référence incontournable est le blog d'Aswath Damodaran, Musing on Markets. Imaginatif et novateur.

Le Lettre Vernimmen.net, plus généraliste sur les questions financières, est toujours d'une lecture utile sur les questions d'évaluation. Elle a l'avantage par rapport à une grande partie de la littérature qui circule, de poser de façon simple et rigoureuse les concepts essentiels.

Le document annuel de la banque d'affaires Avolta Partners sur l'évaluation et la typologie des startups françaises est en passe de devenir une référence.

Le lecteur plus tourné vers l'économie du numérique et particulièrement des plateformes trouvera un grand plaisir à l'ouvrage, non encore traduit en français, de Evans D. S. et Schmalensee R., « *Matchmakers. The New Economics of Multisided Platforms* ». Ces auteurs reconnaissent la dette que tous les économistes qui s'intéressent au numérique doivent à Jean Tirole qui, associé à Jean-Charles Rochet, a formalisé le premier, dans un papier cité en bibliographie, la mécanique de la formation de prix et de valeur pour les plateformes numériques. Jean Tirole évoque le sujet de façon très accessible et pertinente dans son ouvrage grand public : *Économie du bien commun* au chapitre 14.

Bibliographie

Albouy M., 3 mai 2016, « Entreprises High-Tech: A Smile Is Not Enough! », *The Conversation.com*.

Andreessen M., 7 octobre 2014, interviewé par Effinger A., « Finance:'We Can Reinvent the Entire Thing' », *www.bloomberg.com*.

Andrews D., Criscuolo C. et Gal P. N., novembre 2016, « The Best versus the Rest: The Global Productivity Slowdown, Divergence across Firms and the Role of Public Policy », *OECD Productivity Working Papers,* n° 5.

Association française des investisseurs pour la croissance (AFIC), 2017, « Glossaire du capital-investissement », *www.afic.asso.fr.*

Avolta Partners, 2016, « Venture Transaction Multiples France 2016 Edition – How Much Is Your Startup Worth? ».

Bank of England, 2014, « Innovations in Payment Technologies and the Emergence of Digital Currencies », *Quarterly Bulletin,* n° 54(3).

Beales R., 22 décembre 2016, « Uber's Value to Riders Is Clear. To Investors, It May Prove More Elusive », BreakingViews, *The New York Times.*

Blanchard O. et Watson M., avril-juin 1984, « Bulles, anticipations rationnelles et marchés financiers », *Annales de l'INSEE,* n° 54, p. 79-100.

Bouvet T., et Philippe H., 2016, *Options et finance d'entreprise,* Economica.

Brynjolfsson E. et McAfee A., 2014, *The Second Machine Age: Work, Progress and Prosperity in a Time of Brilliant Technologies,* W. W. Norton & Company.

Buchholz N., 2015, « Spatial Equilibrium, Search Frictions and Efficient Regulation in the Taxi Industry », Working Paper, Princeton University.

Chaussard J., juillet 2012, « Valorisation d'entreprises – Méthode de Bates : plus complexe qu'il n'y paraît », Études économiques du Crédit Agricole, n° 2.

Clement D., 15 juin 2015, « Interview with Alvin Roth – Stanford Economist on Matching Theory, Kidney Markets and The Importance of Coffee », *The Region.*

Cohan W. D., 21 janvier 2016, « Silicon Valley's $585 Billion Problem », *Fortune.com.*

Cohen P., Hahn R., Hall J., Levitt S. et Metcalfe R., septembre 2016, « Using Big Data to Estimate Consumer Surplus: The Case of Uber », *NBER Working Papers,* n° 22627.

Colin N., 28 janvier 2016, « 11 Notes on Amazon (Part 2) », *TheFamily Papers,* n° 11.

Colin N. *et alii,* octobre 2015, « Économie numérique », *Les Notes du conseil d'analyse économique,* n° 26.

Colin N. et Collin P., janvier 2013, « Mission d'expertise sur la fiscalité de l'économie numérique », rapport remis au ministère de l'Économie et des Finances.

Damodaran A., 2010, *The Dark Side of Valuation. Valuing Young, Distressed, and Complex Businesses,* 2e édition, Pearson.

Dawson A., Hirt M. et Scanla J., 2016, « The Economic Essentials of Digital Strategy – A Supply-and-Demand Guide to Digital Disruption », *McKinsey Quarterly.*

Ernst & Young, 2016, « Back to Reality, EY Global Venture Capital Trends 2015 ».

Evans P. et Forth P. (Boston Consulting Group), 22 avril 2015, « Borges' Map, Navigating a World of Digital Disruption », *BCG Perspectives.*

Evans P. C. et Gawer A., janvier 2016, « The Rise of the Platform Enterprise: A Global Survey », The Center for Global Enterprise, *The Emerging Platform Economy Series,* n° 1.

Evans D. S. et Schmalensee R., 2016, *Matchmakers. The New Economics of Multisided Platforms,* Harvard Business Review Press.

Ezrachi A. et Stucke M. E., 2016, *Virtual Competition: The Promise and Perils of the Algorithm-Driven Economy,* Harvard University Press.

Ezratty O., 28 mars 2015, « La dimension financière de l'ubérisation », blog *Opinions libres.*

Ezratty O., 5 mars 2016, « Les disruptions numériques dans les professions libérales », blog *Opinions libres*.

Ezratty O., 25 janvier 2017, « Rapport du CES 2017 », 12e édition, blog *Opinions libres*.

Filloux F., 19 avril 2015, « Funding Innovation: France's Image Problem », *Mondaynote Newsletter*.

Fontaine L., 2008, « L'économie morale. Pauvreté, crédit et confiance dans l'Europe préindustrielle », Éditions Gallimard.

Frésard L., juin 2010, « Financial Strength and Product Market Behavior: The Real Effects of Corporate Cash Holdings », *The Journal of Finance,* n° 65, p. 1097-1122.

Gawer A., décembre 2016, « Big Data: Bringing Competition Policy to The Digital Era », *Note OECD*.

Goedhart M., Koller T. et Wessels D., 2015, *Valuation: Measuring and Managing the Value of Companies,* 6e édition, John Wiley & Sons.

Goedhart M., Koller T. et Wessels D., 2016, « Valuing High-Tech Companies », McKinsey, *Strategy and Corporate Finance*.

Gollier C., 2002, « Quel taux d'actualisation pour le long terme ? », *Revue d'économie financière*, n° 66, p. 253-267.

Goodman G., 2012, « How to Negotiate the Long, Slow, SaaS Ramp of Death », *Constant Contact, Business of Software*.

Grullon G., Larkin Y. et Michaely R., 23 avril 2017, « Are US Industries Becoming More Concentrated? ». Disponible sur *https://ssrn.com/abstract=2612047* ou *https://dx.doi.org/10.2139/ssrn.2612047*.

Hayek F., septembre 1945, « The Use of Knowledge in Society », *The American Economic Review,* vol. 35, n° 4, p. 519-530.

Houlder V., 2 janvier 2017, « Airbnb's Edge on Room Prices Depends on Tax Advantages », *Financial Times*.

Amar N. et Viossat L.-C., mai 2016, « Les plateformes collaboratives, l'emploi et la protection sociale », *Rapport de l'Inspection générale des affaires sociales (IGAS)*.

KPMG, 1er trimestre 2017, Étude « Venture Pulse ».

Lebidois J., 22 février 2017, « Cryptomonnaies, consensus distribué et blockchain », revue *Variances*.

Mauboussin M., 1999, « Get Real Using Real Options in Security Analysis » (rapport), Crédit Suisse First Boston Corp.

Mazzella F. et Tirole J., 9 décembre 2015, interviewés par Seux D., « La révolution numérique vue par un prix Nobel et le patron de BlaBlaCar », *Les Échos*.

Mchawrab S., Albouy M., Kergoat M. et Dubreuille S., 2015, « Les dessous de l'évaluation des entreprises high-tech », *Revue Finance Contrôle Stratégie,* vol. 18, n° 2.

McKinsey Global Institute, juin 2016a, « Digital Europe: Pushing the Frontier, Capturing the Benefits ».

McKinsey Global Institute, août 2016b, « Digital in Industry: From Buzzword to Value Creation », McKinsey Digital.

Meunier É., 13 février 2017, « Quelle protection sociale pour les travailleurs des plateformes ? », *Telos*.

Meunier F., 8 septembre 2015a, « La neutralité du Net n'est pas un concept rétrograde », *Les Échos*.

Meunier F., août-septembre 2015b, « Les marchés financiers disent-ils la vérité ? », *Esprit,* n° 8, p. 142-157.

Meunier F., 24 juillet 2017, « Pourquoi un si faible rôle des banques dans le financement des start-up ? », *Option Finance*.

Ocean Tomo, 2015, « Releases 2015 Annual Study of Intangible Asset Market Value », *Insights Blog*.

OECD, 2014, « Measuring the Digital Economy. A New Perspective », *OECD Publishing*.

OECD, 2016, « The Gig Economy Will Not Abolish Working 9 to 5 », *OECD Insights*.

Pencavel C. et Standridge D., août 2011, « Profit Migration in the Digital Economy », Booz & Company.

Petropoulos G., 22 février 2016, « Uber and the Economic Impact of Sharing Economy Platforms », *Bruegel Blog Post*.

Quesnay R. et Riqueti V. (marquis de Mirabeau), 1763, *Philosophie rurale ou économie générale et politique de l'agriculture, réduite à l'ordre immuable des lois physiques et morales, qui assurent la prospérité des empires*.

Rajan R. G., août 1998, « The Past and Future of Commercial Banking Viewed Through an Incomplete Contract Lens », *Journal of Money, Credit and Banking*, Vol. 30, n° 3, p. 524-550.

Rérolle J.-F., septembre 1998, « La création de valeur dans une économie connectée », *Analyse Financière*, n° 116.

Rérolle J.-F. et Bacqueroet D., 2017, « L'intelligence de la valeur », *in L'essentiel de l'actualité pour décider en 2017 : Décryptages à l'usage des dirigeants finance-gestion (DFCG)*, Éditions Eyrolles.

Rochet J.-C. et Tirole J., juin 2003, « Platform Competition in Two-Sided Markets », *Journal of the European Economic Association*, Vol. 1, n° 4, p. 990-1029.

Roth A. E., mars 2008, « What Have We Learned From Market Design? », *Economic Journal*, n° 118, p. 285-310.

Solomon S. D., 19 janvier 2016, « Expect Some Unicorns to Lose Their Horns, and It Won't Be Pretty », *The New York Times*.

Simon J.-P., 2016, « How to Catch a Unicorn, An exploration of the Universe of Tech Companies With High Market Capitalisation », *JCR Technical Reports*, Union européenne.

Summers L., 19 avril 2016, « The Age of Secular Stagnation », *Foreign Affairs*.

Stone B., 2013, *The Everything Store: Jeff Bezos and the Age of Amazon,* Random House.

Thiel P., 12 septembre 2014, « Competition Is for Losers », *The Wall Street Journal*.

Vaughan R. et Daverio R. (PwC), avril 2016, « Assessing the Size and Presence of the Collaborative Economy in Europe », Rapport pour la Commission européenne.

Vernimmen P., Quiry P. et Le Fur Y., 2016, *Finance d'entreprise 2017,* 15e édition, Dalloz. *Cf.* aussi *La Lettre Vernimmen,* lettre mensuelle sur *Vernimmen.net*.

Xiaohui G., Ritter J. et Zhu Z., décembre 2013, « Where Have All the IPOs Gone? », *Journal of Financial and Quantitative Analysis,* Vol. 48, n° 6, p. 1663-1692.

Table des encadrés

Composé par STDI

Dépôt légal : octobre 2017
IMPRIMÉ EN FRANCE

Achevé d'imprimer le 29 septembre 2017
sur les presses de l'imprimerie *La Source d'Or*
63039 Clermont-Ferrand
Imprimeur n° 13615N

Dans le cadre de sa politique de développement durable,
La Source d'Or a été référencée IMPRIM'VERT®
par son organisme consulaire de tutelle.
Cet ouvrage est imprimé - pour l'intérieur -
sur papier bouffant "Munken Print White" 80 g, main de 1,8
provenant de la gestion durable des forêts, produit par des papetiers
dont les usines ont obtenu les certifications environnementales ISO 14001 et E.M.A.S.